Mentale Fitness im Golf

I0024731

Sport und gesellschaftliche Perspektiven

Herausgegeben von Martin K. W. Schweer

Band 6

PL ACADEMIC RESEARCH

Martin K. W. Schweer

Mentale Fitness
im Golf

Sportpsychologische Grundlagen und Übungen
für den Freizeit- und Leistungssport

Unter Mitarbeit von Jana S. Pithan

PL ACADEMIC RESEARCH

Bibliografische Information der Deutschen Nationalbibliothek
Die Deutsche Nationalbibliothek verzeichnet diese Publikation
in der Deutschen Nationalbibliografie; detaillierte bibliografische
Daten sind im Internet über http://dnb.d-nb.de abrufbar.

ISSN 1865-777X
ISBN 978-3-631-72811-6 (Print)
E-ISBN 978-3-631-72808-6 (E-PDF)
E-ISBN 978-3-631-72809-3 (EPUB)
E-ISBN 978-3-631-72810-9 (MOBI)
DOI 10.3726/b11587

© Peter Lang GmbH
Internationaler Verlag der Wissenschaften
Frankfurt am Main 2017
Alle Rechte vorbehalten.
PL Academic Research ist ein Imprint der Peter Lang GmbH.

Peter Lang – Frankfurt am Main · Bern · Bruxelles · New York ·
Oxford · Warszawa · Wien

Das Werk einschließlich aller seiner Teile ist urheberrechtlich
geschützt. Jede Verwertung außerhalb der engen Grenzen des
Urheberrechtsgesetzes ist ohne Zustimmung des Verlages
unzulässig und strafbar. Das gilt insbesondere für
Vervielfältigungen, Übersetzungen, Mikroverfilmungen und die
Einspeicherung und Verarbeitung in elektronischen Systemen.

Diese Publikation wurde begutachtet.

www.peterlang.com

Inhaltsverzeichnis

Abbildungsverzeichnis

Vorwort

Aufgrund der vielfältigen Anfragen von Golferinnen und Golfern habe ich mich entschlossen, speziell für diese Zielgruppe einen Band zur mentalen Fitness herauszugeben. Bei den Inhalten war es mir zum einen wichtig, die Erkenntnisse der wissenschaftlichen Forschung möglichst kompakt und für den Praktiker[1] verständlich darzustellen. Von daher wird auf eine fachwissenschaftliche Diskussion an dieser Stelle bewusst verzichtet und der interessierte Leser auf den Literaturanhang verwiesen. Zum anderen werden die sportpsychologischen Grundlagen durch eine große Anzahl praktischer Beispiele und Übungen ergänzt, um auf diese Weise eine hohe Übertragbarkeit des Gelesenen auf die konkrete Situation des Lesers zu ermöglichen. Die Tatsache, dass ich seit vielen Jahren im Zuge der an meinem Lehrstuhl angegliederten Arbeitsstelle für sportpsychologische Beratung und Betreuung *Challenges* auch in der Beratung aktiver Leistungs- und Hochleistungssportler im Golf tätig bin, konnte ich gewinnbringend nutzen, um in diesem Buch die zentralen Aspekte mentaler Stärken und Schwächen in dieser spannenden und herausfordernden Sportart zu behandeln.

Dieser Ratgeber richtet sich von daher an alle aktiven Golfspieler, die ihre mentale Fitness verbessern wollen – egal, ob sie im Hochleistungsbereich, im Leistungsbereich oder aber im Freizeitbereich Golf spielen. Gleichermaßen richtet er sich aber auch an Betreuer und Trainer von aktiven Golfspielern, bei denen eine Sensibilität für die Bedeutung sportpsychologischer Komponenten meines Erachtens unerlässlich ist, um erfolgreich mit den ihnen anvertrauten Athleten arbeiten zu können.

Neben den golfspezifischen Aspekten beinhaltet dieses Buch selbstverständlich eine Vielzahl sportartübergreifender, grundlegender psychologischer Einlassungen, die Athleten in ihren jeweiligen Disziplinen bei der Verbesserung ihrer mentalen Fitness helfen können. Diese übergreifenden

---

1 Um die Lesbarkeit zu vereinfachen, wird auf die zusätzliche Formulierung der weiblichen Form verzichtet. Es sei an dieser Stelle darauf hingewiesen, dass die ausschließliche Verwendung der männlichen Form explizit als geschlechtsunabhängig verstanden werden soll.

Einlassungen finden sich in gleicher Form in der für den Tennissport heraus-
gegebenen Lektüre „Mentale Fitness im Tennis", die ebenfalls im Verlag
Peter Lang erschienen ist. Mein ausdrücklicher Dank gilt an dieser Stelle
von daher noch einmal der gewinnbringenden Mitarbeit von Jana Pithan.
Mit Blick auf die nunmehr erscheinende golfspezifische Facette danke ich
darüber hinaus Adrian Bente für seine Inputs, ferner meiner guten Freundin
Angelika, die mir als ambitionierte Amateurgolferin wertvolle Hinweise
zum Manuskript gegeben hat. Schließlich bedanke ich mich beim Verlag
Peter Lang für die angenehme Zusammenarbeit.

Ich wünsche Ihnen eine anregende, hilfreiche Lektüre. Bitte zögern Sie
nicht, mir Ihre Rückmeldungen oder auch Fragen mitzuteilen[2].

Vechta, im Januar 2017
Martin K.W. Schweer

---

2   Sie erreichen mich über meine Arbeitsstelle für sportpsychologische Beratung
    und Betreuung *Challenges* an der Universität Vechta: challenges@uni-vechta.de.

1. Mentale Fitness – Was ist das überhaupt?

Das sagen die Pros

„Wettkampf-Golf spielt sich vorwiegend zwischen den Ohren ab."
(Bobby Jones, Golflegende, o.J.)

„Sein Putten und sein mentaler Fokus sind einzigartig auf der Welt."
(PGA-Pro Henrik Stenson über Jordan Spieth, mit 22 Jahren jüngster Gewinner der PGA Tour Championship, 2015, o.S.)

„Mein Vertrauen in mein Spiel und mich selbst ist derzeit so hoch wie noch nie in meinem Leben. Hinter mir liegt eine unglaubliche Erfolgsserie – und heute die Nummer eins der Welt zu werden, ist die Krönung."
(Jason Day, PGA-Pro, 2015, o.S.)

„Wer siegen will, muss wie ein Sieger denken."
(Sam Snead, Golflegende, zit. n. Rotella, 2006, S. 26)

Der Begriff der mentalen Fitness ist mittlerweile in aller Munde, wenn es um die Beschreibung von Leistungsstärken oder eben auch -schwächen geht: Bei politischen Entscheidungen werden mentale Komponenten in Rechnung gestellt, Manager überzeugen durch ihre mentale Stärke, für den Erfolg im Leistungssport wird auf die mentale Fitness verwiesen.

Dabei wird im Grunde genommen stets ein einheitliches Verständnis dahingehend vorausgesetzt, was denn eigentlich mentale Fitness bedeutet. Würden wir hierzu tatsächlich einzelne Personen befragen, so würden wir aber sehr schnell feststellen, wie unterschiedlich die Vorstellungen von mentaler Fitness tatsächlich sind. Ein Blick auf die Vielfalt an Definitionsvorschlägen bestätigt diesen Eindruck.

Einige beispielhafte Definitionen

„Mentale Stärke ist wahrscheinlich einer der meistbenutzten, jedoch am wenigsten verstandenen Begriffe, die in der angewandten Sportpsychologie benutzt werden."
(Jones, Hanton & Connaughton, 2002, S. 205, Übersetz. d. Verf.)

„Mentale Stärke ist die Fähigkeit, sich ungeachtet der Wettkampfbedingungen an seiner oberen Leistungsgrenze zu bewegen."
(Loehr, 1996, S. 20)

*„Ganz allgemein wird unter mentaler Stärke das Verfügen über effektive Selbst-
regulationsfertigkeiten verstanden, die es Individuen ermöglichen, auch unter
ungünstigen Bedingungen ihr Leistungspotenzial abzurufen."*
(Beckmann & Elbe, 2011, S. 19)

Worüber sprechen wir also, wenn wir über mentale Fitness reden?

*Im Kern zeichnet sich mentale Stärke dadurch aus, dass wir aufgrund unserer
psychischen Befindlichkeit über einen Vorteil in Leistungssituationen verfügen, folglich ist mentale Schwäche mit einem Nachteil in Leistungssituationen
verbunden. Während also im Falle mentaler Stärke die Wahrscheinlichkeit
erhöht ist, in einer Leistungssituation tatsächlich auch erfolgreich zu sein, ist
diese Wahrscheinlichkeit im Falle mentaler Schwäche reduziert.*

ÜBUNG: DIE EIGENE MENTALE STÄRKE ENTDECKEN

Bitte beschäftigen Sie sich gedanklich einmal mit den folgenden Fragen:

- In welcher Verfassung fühlen Sie sich leistungsstark? Welche Gedanken und
  Gefühlen machen Sie siegessicher?
- Was können Sie von sich aus tun, um sich selbst in diese Verfassung zu versetzen
  (bspw. Gedanken an Erfolge oder andere Erinnerungen)?

Die positivere psychische Befindlichkeit verschafft dem mental starken Athleten einen entsprechenden Leistungsvorteil. Insofern verhält es sich bei
mentaler Fitness nicht anders als bei den vielen Persönlichkeitsmerkmalen,
die jeden von uns ausmachen, etwa Aggressivität, Intelligenz, soziale Kompetenz oder Ängstlichkeit. Vergleichen wir bspw. eine hochängstliche mit
einer niedrigängstlichen Person: Die Wahrscheinlichkeit, in potenziell angst-
auslösenden Situationen mit Angst zu reagieren, ist bei der hochängstlichen
Person deutlich höher. Dies bedeutet jedoch nicht, dass eine niedrigängst-
liche Person nicht auch mit Angst reagieren kann, ggf. auch in Situationen,
in denen die hochängstliche Person keine Angst zeigt. Aber über die Gesamtheit aller Situationen lassen sich bei der hochängstlichen Person wesentlich
mehr und intensivere Angstreaktionen feststellen.

Analog hierzu wird eine mental starke Person in Leistungssituationen mit
höherer Wahrscheinlichkeit erfolgreicher agieren als eine mental schwache
Person – und zwar logischerweise in solchen Leistungssituationen, in denen
die mentale Fitness in besonderer Weise gefragt ist (dieser Aspekt wird in
Kap. 5 noch ausführlich behandelt werden).

An welchen Merkmalen lässt sich mentale Fitness erkennen? Entscheidende Komponenten sind:

- Der Athlet tut alles, was in seinen eigenen Möglichkeiten liegt, um erfolgreich zu sein. Ausgenommen sind selbstverständlich Handlungen, die seine Gesundheit schädigen oder den Prinzipien der Fairness und Regelkonformität widersprechen.
- Gleichzeitig akzeptiert der Athlet auch ungünstige Rahmenbedingungen, die von ihm nicht zu verändern sind.

ÜBUNG: UMGANG MIT POSITIVEN UND NEGATIVEN LEISTUNGSERGEBNISSEN

Bitte beschäftigen Sie sich gedanklich einmal mit den folgenden Fragen:

- Wie häufig haben Sie nach einer Turnierrunde mit guter Platzierung das Gefühl, dieses Ergebnis aus eigenen Kräften erzielt zu haben?
- Wie häufig haben Sie nach einer Turnierrunde mit schlechter Platzierung das Gefühl, nicht von den besser platzierten Spielern besiegt, sondern vielmehr gegen sich selber verloren zu haben?
- Sind Sie auch schon einmal mit einer mittleren oder sogar schlechten Platzierung zufrieden gewesen, weil Sie alles gegeben hatten und andere Mitspieler tatsächlich wesentlich stärker gewesen sind als Sie selber?

Die Auseinandersetzung mit den Grundlagen mentaler Fitness im Sport lohnt sich für jeden Athleten, weil mentale Fitness gelernt werden kann. Dies stellt gerade für mental schwache Personen eine Herausforderung dar, die jedoch als große Chance begriffen werden sollte – wir alle können uns positiv verändern, wenn wir es tatsächlich wollen und bereit sind, uns hierum auch entsprechend zu bemühen.

Mentale Fitness im Sport ist folglich das Ergebnis unserer Erfahrungen, die wir bislang mit Leistungssituationen im Sport, aber durchaus auch in anderen Bereichen unseres Lebens gesammelt haben.

ÜBUNG: ERFAHRUNGEN IN LEISTUNGSSITUATIONEN

Bitte beschäftigen Sie sich gedanklich einmal mit den folgenden Fragen:

- Welche positiven bzw. negativen Leistungssituationen haben Sie erlebt?
- Wie sind Sie mit diesen Situationen umgegangen?
- Wie hat Ihr Umfeld darauf reagiert?
- Haben Sie tatsächlich versucht, aus Ihren Erfahrungen für die Zukunft zu lernen?

Mentale Fitness hat nichts mit „Psychozauber" zu tun, wir alle können an unserer Persönlichkeit arbeiten und auf diese Weise die eigene mentale Fitness optimieren. Inwieweit wir aber in der Vergangenheit in leistungsrelevanten Situationen erfolgreich gewesen sind, prägt unser Bild, das wir von unserer eigenen mentalen Fitness besitzen. Dieses Bild kann sich im Sinne einer sich-selbst-erfüllenden Prophezeiung über die Zeit immer stärker verfestigen: Mit der Vorstellung, mental stark zu sein, gehen wir neue Leistungssituationen aktiv und mit einer positiven Grundhaltung an. Das Gegenteil trifft allerdings zu, wenn wir uns als mental schwach wahrnehmen, wir werden dann eher passiv und ggf. sogar ängstlich in neue Leistungssituationen gehen. Vor diesem Hintergrund steigt bei mental starken Menschen die Wahrscheinlichkeit, erfolgreich zu sein und ihre mentale Fitness zu stabilisieren, mental schwache Menschen hingegen werden eher weiteren Misserfolg erleben und ihr Bild von der eigenen mentalen Schwäche verfestigen. Aus diesem Kreislauf kann sich in der Folge die Überzeugung herauskristallisieren, ohnehin nichts an dem eigenen Zustand verändern zu können, weil „es ja schon immer so gewesen ist". Im ungünstigen Fall werden wir durch unser Umfeld in dieser irrigen Annahme noch bestärkt, wir alle kennen ja Beispiele von Athleten, die mit dem Etikett umgehen müssen, in entscheidenden Situationen immer wieder psychisch instabil und von daher wenig leistungsstark zu sein.

Ganz egal, wie stark oder schwach unsere mentale Fitness aktuell ausgeprägt ist – es ist immer lohnenswert, diese aus eigener Kraft zu verändern, dadurch besser mit relevanten Leistungssituationen umgehen zu lernen und zudem noch die eigene Freude am Sport zu steigern. In Abb. 1 ist dieser Zusammenhang grafisch veranschaulicht.

Abb. 1: Entstehung und Aufrechterhaltung mentaler Fitness.

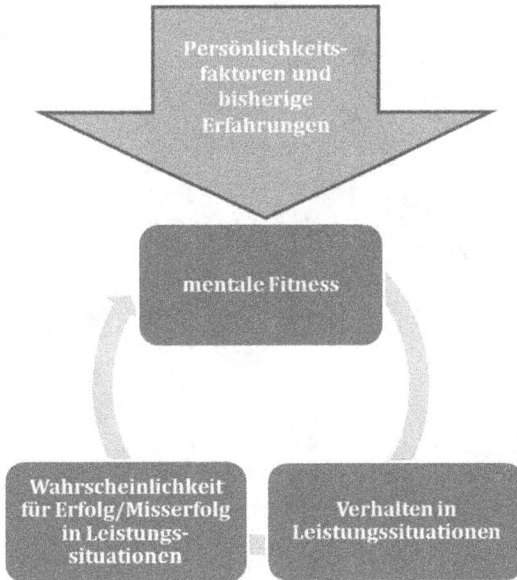

2. Kernmerkmale mentaler Fitness im Sport

2.1 Stärken und Schwächen erkennen

Das sagen die Pros

„Die Leute verstehen nicht, dass ich als Heranwachsender niemals der Talentierteste war. Ich war nie der Größte. Ich war nie der Schnellste. Ich war sicherlich nicht einmal der Stärkste. Das einzige, was mich auszeichnete, war meine Arbeitsmoral, diese hat mich so weit gebracht."

(Tiger Woods, o.J. a, Übersetz. d. Verf.)

Der Ausgangspunkt jeglicher Veränderung muss an der kritischen Analyse des Ist-Zustandes ansetzen. Das Leistungsverhalten im Sport stellt dabei ein überaus komplexes Konstrukt dar, es ist von vielen verschiedenen Faktoren abhängig, die sich zudem gegenseitig beeinflussen können (so geht etwa verminderte Ausdauer häufig mit einem Abfall der Konzentrationsfähigkeit einher).

Zu den besonders wichtigen Faktoren zählen:

- Talent
- Disziplin und Ausdauer
- physische Fitness (körperliche Ausdauer, Schnellkraft usw.)
- Konzentrationsfähigkeit
- Technik
- strategisches Verhalten
- mentale Fitness

Je nach Sportart oder auch in Abhängigkeit der konkreten Leistungsebene kann die Bedeutung dieser einzelnen Faktoren variieren, entscheidend ist jedoch: Eine Verbesserung der eigenen mentalen Fitness beinhaltet immer auch die Frage, in welchen Bereichen wir uns besonders stark erleben und in welchen Bereichen wir unsere vorrangigen Schwächen sehen. Das eine hängt mit dem anderen zwangsläufig zusammen – wie können wir etwa disziplinierter werden oder uns darauf einlassen, an technischen Veränderungen zu arbeiten, wenn wir nicht die hierfür erforderliche mentale Bereitschaft mitbringen?

Insofern sollten wir mit dieser Analyse beginnen, uns dabei jedoch nicht nur auf unser eigenes Urteil verlassen – theoretisch müssten wir uns zwar am besten kennen, leider (was durchaus menschlich ist) neigen wir aber gerne dazu, unsere eigenen Schwächen weniger deutlich zu sehen als unsere Stärken. Also sollten wir bei dieser Analyse stets kompetente und vertrauenswürdige Personen aus unserem Umfeld hinzuziehen (bspw. Trainer oder Trainingspartner); diese haben zwar ebenfalls nur einen subjektiven Blick, die Kombination der unterschiedlichen subjektiven Rückmeldungen ist für uns aber eine hilfreiche Orientierung. Nur über eine entsprechende Analyse der eigenen Stärken und Schwächen können wir gezielt an Veränderungen im Sinne von Verbesserungen arbeiten.

ÜBUNG: STÄRKEN UND SCHWÄCHEN

a) Selbsteinschätzung

	--	-	O	+	++
Talent	☐	☐	☐	☐	☐
Disziplin und Ausdauer	☐	☐	☐	☐	☐
physische Fitness	☐	☐	☐	☐	☐
Konzentrationsfähigkeit	☐	☐	☐	☐	☐
Technik	☐	☐	☐	☐	☐
strategisches Verhalten	☐	☐	☐	☐	☐
mentale Fitness	☐	☐	☐	☐	☐

b) Fremdeinschätzung I

	--	-	O	+	++
Talent	☐	☐	☐	☐	☐
Disziplin und Ausdauer	☐	☐	☐	☐	☐
physische Fitness	☐	☐	☐	☐	☐
Konzentrationsfähigkeit	☐	☐	☐	☐	☐
Technik	☐	☐	☐	☐	☐
strategisches Verhalten	☐	☐	☐	☐	☐
mentale Fitness	☐	☐	☐	☐	☐

c) Fremdeinschätzung II

	--	-	O	+	++
Talent	☐	☐	☐	☐	☐
Disziplin und Ausdauer	☐	☐	☐	☐	☐
physische Fitness	☐	☐	☐	☐	☐
Konzentrationsfähigkeit	☐	☐	☐	☐	☐
Technik	☐	☐	☐	☐	☐
strategisches Verhalten	☐	☐	☐	☐	☐
mentale Fitness	☐	☐	☐	☐	☐

2.2 Ich bin verantwortlich!

Das sagen die Pros

„Wenn man einen Golfer hochhebt und ans Ohr hält, wie eine Muschel – dann hört man lauter Ausreden."

(Fred Beck, o.J.)

„Ihre Fehler sind Ihre Fehler. Übernehmen Sie die Verantwortung für jeden Schlag."

(Tiger Woods, 2006, zit. n. Hansen, 2015, S. 3)

Mentale Fitness setzt voraus, den Fokus der Aufmerksamkeit auf die eigene Verantwortlichkeit legen zu können. Wir selber sind für unsere (ggf. unzureichende) sportliche Leistung verantwortlich: Es sind nicht die widrigen Umstände, eine unglückliche Zusammensetzung der Flights oder der Stress zu Hause. Im umgekehrten Fall ist es aber auch nicht die leichte Wettkampfsituation oder die unerwarteter Weise gezeigte eigene Spielstärke. Betrachten wir uns also stets als Agierende und nicht als Reagierende. Seien wir vielmehr aktiv, und versuchen wir darüber zu kontrollieren, was mit uns geschieht. Vermeiden wir Passivität! Jedes Training und jeder Wettkampf sind Herausforderungen, denen wir uns positiv und zielgerichtet stellen sollten.

Dies hat selbstverständlich nicht zur Konsequenz, permanent gute Leistungen abrufen oder gar jeden Wettkampf gewinnen zu können. Es steigert aber in ganz entscheidender Weise den zentralen Faktor für langfristigen sportlichen Erfolg – nämlich die Konstanz der eigenen Leistung. Viele Athleten auf allen Leistungsebenen sind nämlich durchaus in der Lage, im Training und im Wettkampf sehr gute Leistungen zu erzielen, ihnen gelingt dies aber nur sporadisch. Dauerhafter Erfolg ist eben nur dann möglich, wenn wir es schaffen, ein kontinuierlich hohes Leistungsniveau abzurufen.

Ein weiterer Punkt kommt hinzu: Zu seiner eigenen Verantwortlichkeit zu stehen, konzentriert die Arbeit auf die Punkte, die wir selber kontrollieren können. Auch wenn es zunächst paradox klingen mag, können wir insofern durchaus eine schlechte Platzierung bei einem Turnier erzielen, sind aber trotzdem zufrieden, weil wir alles in unserer Macht Stehende getan haben. Ist dieses hingegen nicht der Fall gewesen, können wir gezielt an unseren Schwachpunkten arbeiten und uns auf diese Weise positiv weiterentwickeln. Gefährlich wird es hingegen dann, wenn wir uns bei der Analyse in Ursachen verlieren, die völlig außerhalb unserer eigenen Beeinflussbarkeit liegen – sie versperren uns nämlich den Blick auf die vielen Aspekte, die wir wirklich selbst im Griff haben (könnten).

ÜBUNG: DIE EIGENE EINSCHÄTZUNG MIT DER ANDERER VERGLEICHEN

- Betrachten Sie noch einmal Ihre Selbsteinschätzung und die Einschätzungen Ihres Umfeldes: An welchen Punkten können Sie sinnvoll ansetzen und Veränderungen erreichen, auf welche Weise kann dies geschehen?
- Nutzen Sie hierfür den Austausch mit den Personen Ihres Vertrauens, von denen Sie die Fremdeinschätzung haben ausfüllen lassen.

2.3 Eindeutige Ziele formulieren

Das sagen die Pros

„Dann setze ich mir das nächste Ziel, ein vernünftiges, machbares Ziel, das ich realistischerweise erreichen kann, wenn ich nur hart genug arbeite."
(Michael Jordan, Basketballspieler, 1994, S. 3, Übersetz. d. Verf.)

„Seien Sie entschlossen! Ein falscher Entschluss ist in der Regel weniger schlimm als Unentschlossenheit."
(Bernhard Langer, o.J.)

„Erfolg, so wurde mir gesagt, entsteht vor allem durch beständiges Anheben der eigenen Wünsche und Erwartungen."
(Jack Nicklaus, Golflegende, zit. n. Rotella, 2006, S. 39)

Positive Entwicklung meint die Veränderung von einem bestehenden Ist-Zustand zu einem als erstrebenswert angesehenen Soll-Zustand. Die Analyse eigener Stärken und Schwächen beschreibt den Ist-Zustand, wir müssen für uns nicht nur realisieren, wo wir aktuell stehen, wir müssen gleichermaßen realisieren, wohin wir eigentlich wollen. Wir müssen uns also klare Ziele setzen.

Hierbei ist zu beachten:

- Die Ziele müssen eindeutig formuliert sein und möglichst wenig Interpretationsspielraum lassen.

  ♦ eindeutig formuliert:
  Am Ende des Jahres habe ich ein Handicap von -11.

✎ *uneindeutig formuliert:*
Am Ende des Jahres habe ich mein Handicap verbessert.

- Es ist sinnvoll, sich bei Zielen, deren Erreichung erst nach einem längeren Zeitraum möglich ist, kurzfristige Zwischenziele zu setzen. Dies reduziert die Gefahr, dass die eigene Motivation quasi auf dem Weg verloren geht. Außerdem ist es leichter, auf diese Weise Zielkorrekturen vorzunehmen, wenn wir merken, dass wir bspw. die eigene Messlatte zu hoch angesetzt haben.

✎ *langfristiges Ziel:*
Innerhalb eines Jahres verbessere ich mein Handicap auf 0 (sog. „Scratch").

✎ *kurzfristige Zwischenziele:*
Nach einem Monat spiele ich mindestens zwei Birdies und maximal drei Bogeys pro Runde.
Nach drei Monaten spiele ich mindestens drei Birdies und maximal drei Bogeys pro Runde.
Nach fünf Monaten spiele ich mindestens drei Birdies und maximal zwei Bogeys pro Runde.

- Korrekturen der Ziele sind erforderlich, wenn sich unser eigener Anspruch als zu hoch oder aber zu niedrig herausstellt. Selbstverständlich ist es an dieser Stelle vor allem sinnvoll, sich mit dem eigenen Trainer zu beraten oder – falls nicht vorhanden – zumindest einen erfahrenen Golfer oder Trainer nach seiner Einschätzung zu fragen.

- Korrekturen der Ziele sind aber auch dann erforderlich, wenn sie für unser Anliegen eher kontraproduktiv sind, uns im Extremfall sogar schädigen können. Gerade in solchen Situationen ist es wichtig, offen gegenüber dem Rat erfahrener und vertrauenswürdiger Personen aus dem sozialen Nahraum zu sein.

✎ *Beispiele für unangemessene Zielsetzungen:*
Nach einem Monat Training loche ich jeden Putter unter fünf Metern.
Innerhalb eines Monats nehme ich 20 Kilogramm Körpergewicht ab.
Ich werde in Zukunft keine Fehler mehr beim Abschlag machen.

Abb. 2 verdeutlicht noch einmal den Zusammenhang zwischen individueller Leistungsentwicklung und einer angemessenen Zielsetzung.

Abb. 2: Leistungsentwicklung und Zielsetzung.

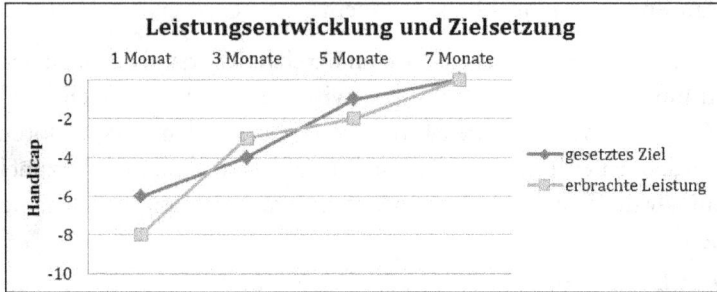

Immer dann, wenn wir leistungsorientiert arbeiten (wollen), sind eindeutige Ziele zwingend erforderlich, wobei wir bedenken müssen, dass sich Leistung stets über einen individuell gesetzten Gütemaßstab definiert. Solche Gütemaßstäbe kennen wir bereits aus der Schule: Ein „befriedigend" in der Klausur kann für Klaus angesichts seiner bisherigen sehr guten Leistungen im Fach Mathematik durchaus unbefriedigend sein, während diese Note für Hans vor dem Hintergrund seiner bislang eher schwachen Noten einen großen Erfolg darstellen mag. Im Sport ist es selbstverständlich nicht anders, das konkret erzielte Ergebnis ist immer im Zuge der gesamten Leistungsentwicklung eines Athleten zu bewerten.

Viele Sportler machen sich jedoch kaum Gedanken über die Bedeutung von klaren Zielen im Zuge der persönlichen Leistungsentwicklung. Dies ist für die Motivation keineswegs förderlich, ganz im Gegenteil. Bei der Setzung eindeutiger Ziele muss deren Erreichung immer wieder aufs Neue überprüft, und im Zuge dessen müssen Ziele verändert bzw. neu definiert werden.

ÜBUNG: KURZ- UND LANGFRISTIGE ZIELE

- Nehmen Sie sich Zeit und formulieren Sie Ihre kurz- und langfristigen Ziele vor dem Hintergrund des Gelesenen. Nutzen Sie hierbei die Kompetenz von erfahrenen Spielern und Trainern.
- Stellen Sie sicher, dass Sie sich kontinuierlich auf dem Weg der Zielerreichung überprüfen und ggf. auch Ihre zunächst gesetzten Ziele korrigieren.
- Es ist hilfreich, diese Ziele schriftlich festzuhalten und sich immer wieder vor Augen zu führen, im Idealfall regelmäßig (bspw. einmal in der Woche/zweimal im Monat) in Abhängigkeit von der Langfristigkeit Ihrer Ziele.

2.4 Der richtige Umgang mit Erfolg und Misserfolg

Das sagen die Pros

„Wir Sportler befinden uns in einer ständigen Abhängigkeit von Zufällen, von Dingen, die wir nicht beeinflussen können – manches ist einfach auch Glück. Langsam begann ich, zu akzeptieren, dass das Scheitern dazugehört, und entwickelte Demut vor dem, was ich mache."

(Philipp Lahm, Fußballspieler, 2014, o.S.)

Ein Kernproblem im Bereich der mentalen Fitness stellt der oftmals fehlerhafte Umgang mit Erfolg und Misserfolg dar, an dieser Stelle müssen viele Spieler die Bereitschaft entwickeln, gewohnte Denkmuster zu durchbrechen, um tatsächlich Fortschritte erzielen zu können.

Meine Grundannahme hierzu lautet: Erfolg definiert sich darüber, dass wir alles in unseren Fähigkeiten Liegende getan haben, um eine Trainingseinheit gut zu absolvieren oder um einen Wettkampf erfolgreich zu bestreiten. Wenn wir dieses getan haben, können wir mit uns zufrieden sein, hingegen sollten wir immer dann unsere sportliche Leistung als Misserfolg bewerten, wenn wir uns selber etwas vorzuwerfen haben.

ÜBUNG: WIE GROSS WAR DER EIGENE ERFOLG BISLANG WIRKLICH?

Machen Sie die Probe aufs Exempel, indem Sie Ihr Leistungsverhalten in den vergangenen drei Monaten kritisch analysieren:

- In wie vielen Trainingseinheiten haben Sie alles in Ihren Möglichkeiten Liegende dafür getan, dass Sie tatsächlich eine erfolgreiche Runde absolvieren konnten (hierzu zählt nicht nur die Trainingseinheit selber, sondern selbstverständlich auch die eigene Vorbereitung darauf)? Was hätten Sie verbessern können? Warum haben Sie es nicht getan?
- In wie vielen Turniersituationen haben Sie alles in Ihren Möglichkeiten Liegende dafür getan, dass Sie tatsächlich einen erfolgreichen Wettkampf absolvieren konnten (auch dabei geht es nicht nur um den Wettkampf an sich, sondern zudem um die eigene Vorbereitung darauf)? Was hätten Sie verbessern können? Warum haben Sie es nicht getan?
- Wieviel ungenutztes Potenzial erkennen Sie bei dieser Analyse? Welche Konsequenzen ziehen Sie hieraus?

Der entscheidende Unterschied zu unseren gängigen Vorstellungen von Erfolg und Misserfolg besteht darin, dass dieser Gütemaßstab uneingeschränkt unter unserer eigenen Kontrolle steht. Also: Wir haben es in jeder Leistungssituation selber in der Hand, ob wir erfolgreich sind oder aber Misserfolg erleben.

In der Regel orientieren sich Athleten ausschließlich an dem „zählbaren" Erfolg, dies ist jedoch in langfristiger Perspektive ein Trugschluss: Wir können durchaus in einem Wettkampf positiv abschneiden, bei kritischer Analyse stellt sich dieser Wettkampf jedoch als ein persönlicher Misserfolg heraus – umgekehrt können wir erfolgreich sein, auch wenn das Wettkampfergebnis es nicht auf den ersten Blick vermuten lässt.

Was wir also erkennen müssen ist der Umstand, dass mentale Probleme eben in hohem Maße aus der subjektiven Überzeugung erwachsen, eine Situation nicht kontrollieren zu können. Fakt ist jedoch, dass wir niemals alle Komponenten einer Leistungssituation kontrollieren werden – das Spielverhalten und die Spielstärke der Konkurrenz, die konkreten Wettbewerbsbedingungen, die stets ein wenig schwankende Tagesform usw. Die Wahrnehmung fehlender Kontrolle erzeugt bei uns Unsicherheit und schwächt die eigene mentale Fitness. Die Konzentration auf die von uns kontrollierbaren Komponenten der Leistungssituation jedoch gibt uns mentale Stärke und Sicherheit.

Golfer, die dieses Prinzip konsequent anwenden und verinnerlichen, werden über kurz oder lang auch ihre „zählbaren" Erfolge verbessern. Also: Wir haben es selber in der Hand, ob wir Erfolg oder Misserfolg erleben!

2.5 Entspannung fördert Leistungsbereitschaft und Leistungsfähigkeit

Das sagen die Pros

> *„Ich habe die innere Stimme verstummen lassen, die mir immer gesagt hat: Pausen sind schlecht. Du musst aktiv sein und das durchziehen. Ich behandle meinen Körper gut, dann kann ich auch Leistung von ihm erwarten."*
> (Britta Steffen, Schwimmerin, zit. n. Großekathöfer & Hacke, 2009, S. 137)

Will man im Sport kontinuierlich gute Leistungen erbringen, kostet dies Kraft – in physischer, aber auch in mentaler Hinsicht. Da der menschliche „Akku" nicht über unbegrenzte Kapazitäten verfügt, müssen wir ihn immer wieder „aufladen" (und dies mit zunehmendem Alter in immer kürzeren Zeitabständen). Phasen der Entspannung sind von daher nicht nur für unser Wohlbefinden, sondern eben auch zur Stärkung unseres Leistungsvermögens wichtig.

Vielen Menschen fällt es allerdings erstaunlich schwer, sich gezielt und effektiv zu entspannen, und so manche Freizeitaktivität gerät dann doch wieder mehr zur subjektiven Belastung statt zur Entlastung. Den Möglichkeiten der Entspannung sind prinzipiell keine Grenzen gesetzt – entscheidend ist, dass wir uns der Bedeutung von Entspannung bewusst werden, uns gezielt überlegen, auf welche Weise wir uns besonders gut entspannen können, und diese Formen der Entspannung dann auch regelmäßig einsetzen. Auf diese Weise stärken wir unsere psychische und physische Stabilität und damit auch unser grundsätzliches Leistungsvermögen, eben auch in Phasen des Trainings und der Turniersituation.

Hinzu kommt, dass Wettkämpfe zwangsläufig mit einem gewissen Grad der Anspannung verbunden sind, weshalb es durchaus hilfreich ist, sich in den verfügbaren Pausen während eines Wettkampfs gezielt und effektiv entspannen zu können. Dieser Komponente kommt gerade im Bereich des Golfs eine besondere Bedeutung zu, gilt es doch, über einen sehr langen Zeitraum immer wieder für eine kurze Frequenz maximale Konzentrationsfähigkeit und positive Spannung aufzubauen bzw. über eine mehrstündige Runde oder gar mehrere Tage hinweg eine möglichst hohe Leistungsfähigkeit zu erhalten. Eine weitere Besonderheit des Golfsports liegt in dem Umstand, dass zwischen einzelnen Schlägen bzw. Aktivitätsphasen in der Regel eine längere Zeit des „Stillstands" liegt, so etwa die Wartezeit, bis die Mitspieler ihren Ball geschlagen haben, ein Ball im Rough gefunden wurde o.ä. In diesen Momenten neigen manche Golfer dazu, allzu intensiv über den nächsten Schlag nachzudenken, Abläufe zu hinterfragen und sich auf diese Weise selbst aus dem Konzept zu bringen. Zur Vermeidung bzw. Reduzierung solcher „mentaler Verkrampfungen" können durchaus professionelle Entspannungstechniken eingesetzt werden, die jedoch unbedingt unter fachkundiger Anleitung erworben werden sollten. Alternativ kann es aber bereits hilfreich sein, sich dieser negativen Gedanken bewusst zu werden und individuelle Strategien zur mentalen Entspannung auszuprobieren und sukzessive durch gezieltes Üben weiterzuentwickeln.

ÜBUNG: ENTSPANNUNG

- Schreiben Sie einmal spontan auf, welche Möglichkeiten der kurz- und langfristigen Entspannung Ihnen einfallen.
- Nun schauen Sie auf Ihr eigenes Verhalten:
    - Wie versuchen Sie sich in der Regel zu entspannen? Was machen Sie konkret?
    - Was hilft Ihnen, was hilft Ihnen eher nicht? Welche Ansatzpunkte der Veränderung sehen Sie?
    - Welche Bedeutung messen Sie bislang der Entspannung in Leistungssituationen bei? Welche Ansatzpunkte der Veränderung sehen Sie?
- Führen Sie für einen bestimmten Zeitraum (etwa einen Monat) einmal ein Tagebuch zu gewählten Entspannungsübungen und zu Ihrem anschließenden Entspannungsniveau. Dieses hilft Ihnen, sich bewusst zu werden, auf welche Weise Sie am besten regenerieren und zu neuen Kräften kommen können.
- Die Methoden, die Ihnen am besten geholfen haben, sollten Sie in der Folge beibehalten und gezielt einsetzen.

2.6 Ohne Disziplin keine gute Leistung

Das sagen die Pros

„Viele Mädchen haben das Zeug zu einer großen Tenniskarriere, aber nur wenige haben die Selbstdisziplin, die dazu nötig ist."

(Steffi Graf, Tennisspielerin, zit. n. Sprenger, 2004, S. 199)

„Wenn du Zuschauer bist, ist es ein Spaß, wenn du spielst, ist es Entspannung, wenn du daran arbeitest, ist es Golf."

(Bob Hope, o.J.)

Disziplin wird gerne als „Sekundärtugend" bezeichnet und dabei durchaus manchmal etwas herablassend in Verbindung gebracht mit Engstirnigkeit oder auch mit Pedanterie und Borniertheit. Tatsache ist jedoch: Für jeden, der eine herausgehobene Leistung erbringen will, und für jeden, der sich in seinem Leistungsverhalten dauerhaft und stetig verbessern will, stellt Disziplin eine unabdingbare Ressource dar.

Natürlich kennen wir alle die Beispiele von Menschen, denen der Erfolg quasi „zugeflogen" kam, die nicht wirklich hart dafür arbeiten mussten. Lassen wir uns aber nicht täuschen, denn dies sind die absoluten Ausnahmen. Die Regel, gerade auch im Sport, ist eine andere: Systematische und kontinuierliche Arbeit stellt die primäre Grundlage für nachhaltigen Erfolg dar.

Bedenken wir dabei: Niemand zwingt uns dazu, uns im Sport zu verbessern. Wenn wir es aber tatsächlich ernst damit meinen, dann müssen wir eben auch den persönlichen Vorsätzen überzeugende Taten folgen lassen. Und zwar Taten der Disziplin in allen Bereichen, die unser Trainings- und Wettkampfverhalten tangieren. Dies fängt bei der Sicherstellung der erforderlichen Ausrüstung an, geht weiter über die Pünktlichkeit und die Einhaltung grundlegender Regeln einer angemessenen Ernährung bis hin zu der Frage, ob wir bereit sind, jederzeit im Training und im Wettkampf alles zu geben. Wenn wir genau darüber nachdenken, finden wir also eine Vielzahl von Faktoren, bei denen sich Fragen der Disziplin stellen – und genau anhand dieser Faktoren können wir unsere Disziplin optimieren. Besonders positiv dabei ist, dass wir hierzu nicht mehr als einen eigenen Willen benötigen, wir haben es also allein in unserer Hand, diszipliniert zu handeln!

ÜBUNG: WIE SIEHT ES MIT DER EIGENEN DISZIPLIN AUS?

- Was fällt im Training und Wettkampf aus Ihrer Sicht alles in die Rubrik „Disziplin"? Schreiben Sie alle Punkte auf, die Ihnen dazu einfallen.
- Nun blicken Sie auf Ihr eigenes Verhalten:
  - In welchen Bereichen sind Sie besonders gut, in welchen Punkten gibt es Verbesserungsbedarf?
  - Sind Sie zu Veränderungen überhaupt bereit?
  - Wenn ja: Was möchten Sie verändern? Wie lassen sich Veränderungen feststellen und auch überprüfen?
  - Formulieren Sie für Ihre Veränderungswünsche ebenfalls konkrete Ziele, wie Sie es bereits aus der Übung „kurz- und langfristige Ziele" (s. Kap. 2.3) kennen.
  - Es ist hilfreich, bei dieser Analyse auch die Meinung des Trainers oder die Meinung anderer Personen aus dem eigenen Umfeld hinzu zu ziehen!

2.7 Den richtigen Stellenwert des Sports erkennen

Das sagen die Pros

„Über die verpassten Chancen denke ich gar nicht mehr nach. Am Ende des Tages ist es letztlich bloß ein Spiel."
(Dustin Johnson, PGA-Pro, 2015, o.S.)

„Ich gehe in jede Saison mit dem Ziel, so viele Turniere wie möglich zu gewinnen. [...] Um mit diesem Druck umzugehen, versuche ich abzuschalten, wenn ich nicht spiele. Ich bin mit meiner Familie zusammen, gehe zum Strand, und verbringe die Zeit mit Freunden. Ich genieße dann meine Freizeit."
(Lexi Thompson, LPGA-Proette, zit. n. Lahtinen, 2015, o.S., Übersetz. d. Verf.)

Ob nun als Freizeit- oder als Leistungssportler, es ist unstrittig, wie viel Positives wir aus unseren Erfahrungen im Sport ziehen können. Dies gilt gerade auch für die mentale Fitness, viele Hinweise hierzu lassen sich auf andere Bereiche unseres Lebens, bspw. auf den Erfolg im Beruf, übertragen. Aber auch soziale und kommunikative Kompetenzen durch den Umgang mit anderen Menschen und Gruppen, Erkenntnisse über die eigene Person in schwierigen Situationen usw. können für uns grundsätzlich hilfreich sein. Dies ist die eine Seite der Medaille.

Auf der anderen Seite sollten wir aber gleichermaßen im Blick haben, dass der Sport stets einen angemessen Stellenwert in unserem Leben besitzen sollte: Für die meisten von uns ist es eine Freizeitbeschäftigung, die wir zwar leistungsorientiert und mit Freude angehen, die jedoch keineswegs zur Kompensation dienen sollte für das, was uns in anderen Bereichen des Lebens vielleicht nicht gelingt. Und selbst für einen professionellen Athleten ist es wichtig zu erkennen, dass der Sport bei aller notwendigen Fokussierung nicht zum einzigen Lebensinhalt werden darf. Eine solche fatale Überzeugung gerade auch mancher Trainer (oder überehrgeiziger Eltern) hat der Persönlichkeitsentwicklung schon so mancher Schützlinge keineswegs gut getan – und führt im Übrigen auch längerfristig wiederum zu mentalen Problemen, die ihren Niederschlag letztlich wieder in der sportlichen Leistung finden.

ÜBUNG: WELCHE BEDEUTUNG NIMMT DER SPORT IN IHREM LEBEN EIN?

- Wie würden Sie den Stellenwert Ihrer eigenen sportlichen Aktivitäten in Ihrem Leben beschreiben?
- Wie wichtig ist der Sport im Vergleich zu anderen Bereichen, warum ist das so?
- Sind Sie der Meinung, daran etwas ändern zu müssen? Wenn ja, auf welche Weise sollte dies geschehen?
- Welche Haltung hat Ihr Umfeld dazu?

3. Golf als Wettkampfsport: Ich, der Platz und die Gegner

Um die Spezifika mentaler Stärken und Schwächen beim Golf angemessen verstehen zu können, müssen wir uns vor Augen führen, was diese Sportart im Vergleich zu anderen Sportarten ausmacht.

Golf ist ein Individualsportart im engsten Sinne, der sich nicht nur von Mannschaftssportarten wie Basketball und Fußball, sondern auch von anderen Individualsportarten wie Rückschlagsport (bspw. Tennis, Badminton), Schwimmen und Leichtathletik unterscheidet (die so genannten Ligaspiele stellen Ausnahmen dar, einige Anmerkungen hierzu folgen in Kap. 7).

Im Gegensatz zu einer Mannschaftssportart ...

- gibt es keine Mitspieler, auf deren Leistung der Golfer angewiesen ist und die einen negativen Einfluss auf das Endergebnis nehmen können; andererseits gibt es so auch niemanden zur aktiven Unterstützung (abgesehen vom Caddie).
- sind wir beim Golfen also alleine für unsere Erfolge, aber eben auch für unsere Misserfolge verantwortlich.
- gibt es niemanden, auf den wir Rücksicht nehmen müssen.
- sind die Ursachen für alles gut und schlecht Gelaufene ausschließlich bei uns selbst zu suchen und zu finden.

Verglichen mit anderen Individualsportarten wie dem Schwimmen, bei dem in der Regel Athleten auf mehreren Bahnen direkt nebeneinander um die schnellste Zeit ringen, gibt es im Golf in der Regel auch keine direkten Gegner: Wie Bob Rotella (2006, S. 85), langjähriger sportpsychologischer Berater von Weltklasseathleten, ausführt, spielen Golfer in erster Linie gegen den Platz und sich selbst, so dass erst der abschließende Vergleich der Einzelleistungen über Sieg oder Niederlage in einem Spiel oder einem Turnier entscheidet. Dabei ist unstrittig, dass die Mitspieler in einem Flight durchaus bereits mit ihrer Anwesenheit Einfluss auf das Spiel eines Golfers nehmen. Manches Mal versuchen die Kontrahenten zudem, aktiv durch Sprüche und Ablenkungen einen Spieler aus dem Konzept zu bringen. Und nicht zuletzt das Wissen um die aktuelle Performance der Mitspieler beeinflusst das eigene Spiel. Aber im Gegensatz zu anderen Sportarten ist es beim Golf – zumindest theoretisch – denkbar, dass ein Spieler eine Runde völlig ohne Einfluss durch die Konkurrenz durchspielt. Es ist dann alleine eine Frage der Konzentration, der Fokussierung, der Fähigkeit zur Ausblendung äußerer Reize – kurz: eine Frage der mentalen Fitness -, ob ein Spieler für sich eine gute oder eine schlechte Runde hervorbringt, unabhängig davon, ob die anderen Spieler am Ende des Tages eine noch bessere Leistung erzielen konnten.

Unstrittig ist, dass so genannte soziale Kompetenzen (also etwa Verantwortung übernehmen für andere, Team- und Kommunikationsfähigkeit, Eingliederung in die Gruppe usw.) sicherlich weit weniger trainiert werden, als dies im Zuge einer Mannschaftssportart wie Fußball, Basketball oder Handball der Fall ist. Zwar wird auch beim Golf durchaus in Gruppen trainiert, dennoch ist der Wettkampf stets eine Auseinandersetzung des einzelnen Spielers, der sich den Herausforderungen des Platzes und der Konkurrenz seiner Gegner stellt. Gerade im Kindes- und Jugendalter ist es von daher hilfreich, neben dem Golf noch eine zweite, und dann eben eine Mannschaftssportart, auszuüben. Darüber hinaus sollte man als Trainer (etwa in Kadergruppen) stets darauf achten, kontinuierlich Elemente aus dem Mannschaftssport in den Trainingsplan zu integrieren, um eben solche Kompetenzen auch bei Golfern zu stärken.

Entscheidend ist also: Von der Anlage des Sports her wird beim Golfspiel das eigene Leistungsverhalten nicht unmittelbar von dem Verhalten der anderen Spieler in einer Trainings- und Turnierrunde beeinflusst. Nichtsdestotrotz spielt eben dieses Verhalten der anderen eine oftmals nicht unerhebliche Rolle für das mentale Befinden eines Golfers und tangiert somit indirekt dessen Leistung.

Hinzu kommt die Herausforderung, welche der Platz an die Leistungsmöglichkeiten des Golfers stellt. Hierbei gibt es Situationen, denen sich der Spieler sehr gut gewachsen fühlt, während er andere Situationen fürchtet. Einen Platz gut zu kennen, muss dabei nicht unbedingt Sicherheit geben, diese Tatsache kann sogar dazu beitragen, dass aufgrund negativer Erfahrungen in der Vergangenheit die unangenehmen Anforderungen des Platzes besonders präsent sind. Zudem wissen wir alle, dass wir einen Platz bereits unzählige Male gespielt haben können, jedes weitere Mal aber wieder eine neue, ganz eigene Aufgabe darstellt.

Neben grundlegenden psychologischen Faktoren im Sport (Selbstvertrauen, Umgang mit Erfolg und Misserfolg, positive und negative Gedanken usw.) spielen insofern spezifische psychologische Faktoren beim Golf eine hervorgehobene Rolle. Das Anspruchsniveau der konkreten Wettkampf-situation resultiert aus den Anforderungen des Platzes in Kombination mit dem subjektiv erlebten Druck, der sich aufbaut durch die jeweilige wahrgenommene Spielstärke bzw. -schwäche der Konkurrenten sowie der „Zeit zum Nachdenken" beim ruhenden Ball. Die individuelle Verarbeitung dieses Anspruchsniveaus entscheidet darüber, in welcher Weise sich die individuelle Spielerpersönlichkeit der Auseinandersetzung stellt. Die damit verbundene mentale Fitness nimmt in der Folge hohen Einfluss auf das konkret abgerufene Leistungsvermögen.

Das Golfspiel erfolgt also stets nach dem Prinzip „Ich, der Platz und die Gegner", wobei in einer Turniersituation (ganz unabhängig von dem kon-kreten Leistungslevel) der Wettkampfcharakter eindeutig das Geschehen auf dem Platz prägt: Allen Spielern sind die Regeln bekannt. Sicher ist, dass es am Ende des Wettkampfes einen Sieger, weitere Platzierte und damit eben auch Nicht-Gewinner (je nach eigenem Anspruch also Verlierer) geben wird.

Eine manchmal sicherlich „brutale" sportliche Situation, deren Tragweite man auf den verschiedenen Turnierebenen an den Reaktionen der Golfer nach Beendigung einer Runde oft eindrucksvoll beobachten kann: Ärger und Enttäuschung, Selbstzweifel und die Wut über andere sind nur einige Gefühle, die sich in extravertiertem Verhalten oder auch in apathischem Schweigen ausdrücken können und die manches Mal sehr hohe psychische Anspannung bei den Spielern erahnen lässt. Wie gesagt, finden sich diese Reaktionen auf allen Leistungsebenen, sie finden sich bei Männern und Frauen, sie finden sich in den verschiedensten Altersstufen. Hierbei rückt dann eben die spielerische Komponente des Golfs stark in den Hintergrund des persönlichen Erlebens, es dominiert vielmehr der Wettkampfcharakter.

Dies alles spricht nicht gegen die Ausübung des Golfs als einen Wett-kampfsport, ganz im Gegenteil: Für ein Ziel zu kämpfen, Erfolge über andere (und zum Teil über sich selber) zu erringen, sich durchzubeißen, vor allem aber auch einen positiven Umgang mit Niederlagen zu erleben, das alles sind sehr positive Effekte des Golfs. Wichtig ist jedoch, dass man sich als Spieler dieser spezifischen Bedingungen bewusst ist und sich darauf einlassen will, wenn man sich (egal in welcher Form) für das Golfspiel als Wettkampfsport entscheidet. Dabei sind es gerade die betreuenden Eltern und Trainer, die dafür Sorge tragen müssen, dass Kinder und Jugendliche entsprechend angeleitet und betreut werden, denn für sie sollte in besonderer Weise die Freude am Spiel im Vordergrund stehen[3].

Viel zu oft können wir jedoch auf dem Golfplatz Spieler beobachten, bei denen die Herausforderung des Wettkampfsports zu einer Belastung geworden ist. Diese zeigen deutliche mentale Defizite, die nicht nur ihr Leistungsvermögen reduzieren, sondern in erheblichem Maße auch das subjektive Selbstvertrauen schädigen und darüber die Freude am Golfspiel grundsätzlich gefährden.

ÜBUNG: DIE PSYCHOLOGISCHEN REGELN BEIM GOLF

- Sind Sie sich der oben beschriebenen Regeln bewusst?
- Inwieweit können Sie Ihr eigenes Verhalten auf dem Platz kontrollieren?
- Inwieweit lassen Sie sich von den spezifischen Bedingungen des Platzes mental beeinflussen?
- Inwieweit lassen Sie sich von Ihren Konkurrenten im Flight mental beeinflussen?
- Dominiert bei Ihnen der Spaß am Spiel oder eher der Wettkampfcharakter?

Machen Sie nun die Probe aufs Exempel:

- Führen Sie sich eine Situation aus der Vergangenheit vor Augen, die Sie mit Blick auf die beschriebenen Faktoren für sich als besonders positiv erlebt haben. Schreiben Sie die wichtigsten Merkmale dieser Situation auf.
- Anschließend führen Sie sich bitte eine Situation aus der Vergangenheit vor Augen, die Sie mit Blick auf die beschriebenen Faktoren für sich als besonders negativ erlebt haben. Schreiben Sie auch hierzu die wichtigsten Merkmale auf.
- Vergleichen Sie nun die beiden Ergebnisse miteinander: Welche Komponenten machen den entscheidenden Unterschied aus? Welche Konsequenzen können Sie hieraus ziehen?

Beim Golfen zeigen sich mentale Stärken und Schwächen vor allem in …

- der Auseinandersetzung mit dem konkreten Anspruchsniveau, das sich aus den Herausforderungen der Gegebenheiten des Platzes in Kombination mit den Stärken und Schwächen der jeweiligen Mitspieler ergibt sowie
- der Auseinandersetzung mit spezifischen Situationen, mit denen sich der Spieler während einer Runde auf dem Platz konfrontiert sieht.

Diese beiden Problemfelder werden im Folgenden besprochen.

---

3   Ich habe mich hierzu detailliert in dem Ratgeber „Kinder und Jugendliche im Leistungssport – eine Herausforderung für Eltern und Trainer. Ein pädagogisch-psychologischer Leitfaden" geäußert, auf den ich an dieser Stelle verweise.

4. Klassische Problemfelder mentaler Fitness beim Golf

4.1 Die Auseinandersetzung mit dem Anspruchsniveau

Das sagen die Pros

> *„Wir sind herangegangen, als wäre es ein Major. Mental sind wir dran geblieben, auch als ich den Ball nicht gut getroffen habe."*
>
> (Jordan Spieth, zit. n. Engert, 2015, o.S.)

Wie oben bereits angedeutet, ist Leistung keineswegs ein objektives Kriterium, es ist vielmehr stets gebunden an einen *Gütemaßstab*, den wir uns selber setzen (oder den andere für uns setzen, bspw. der Trainer oder auch die Eltern).

⚜ Nehmen wir zur Veranschaulichung ein Beispiel aus der Mathematik: Die Lösung der Rechenaufgabe „7 mal 9" stellt für ein Grundschulkind einen respektablen Erfolg dar, bei einem Erwachsenen würden wir dies jedoch nicht als besondere Leistung einstufen, dafür ist die Aufgabe schlichtweg zu leicht. Stellen wir einem Erwachsenen nun die Rechenaufgabe „325 mal 764", und er könnte diese Aufgabe nicht aus dem Kopf bewältigen, so würde er diesen Umstand kaum als Misserfolg erleben, dafür ist die Aufgabe nämlich schlichtweg zu schwierig.

Mit diesem Ausflug in die Mathematik soll gezeigt werden, dass eine Leistungssituation stets zwei Komponenten beinhaltet:

- es muss prinzipiell die Möglichkeit gegeben sein, die Aufgabe erfolgreich zu bewältigen;
- es muss prinzipiell die Möglichkeit gegeben sein, bei der Bewältigung zu scheitern.

Beim ersten Beispiel „7 mal 9" sind beide Optionen für das Grundschulkind gegeben, nicht aber für den Erwachsenen; beim Beispiel „325 mal 764" sind beide Optionen sowohl für den Erwachsenen als auch für das Grundschulkind nicht gegeben.

Übertragen wir das Beispiel nun auf die Wettkampfsituation beim Golfen: Selbstverständlich wird unser Verhalten auf dem Platz ganz entscheidend von der Überlegung beeinflusst, inwieweit wir uns eine erfolgreiche Runde zutrauen oder aber mit einem Misserfolg rechnen. Genau diese Einschätzung ist jedoch entscheidend davon abhängig, wie wir zum einen den Anspruch des konkreten Platzes, zum anderen aber eben auch das Leistungsvermögen unserer Kontrahenten einschätzen. In der Regel tun wir dies, noch bevor wir die Runde beginnen, selbst dann, wenn wir den Platz und/oder unsere Mitspieler und potenziellen Gegner nicht wirklich kennen. Für unsere Meinung nutzen wir dann die Ergebnisse eigener Recherchen, häufig auch Informationen anderer Golfer, mit denen wir uns im Vorfeld eines Turniers unterhalten haben oder auch die Ranglistenpositionen beteiligter Spieler im Turnier.

Entscheidend ist: Selbst wenn solche Einschätzungen oftmals nur sehr wenig darüber aussagen, wie die Chancen für den Turnierverlauf tatsächlich verteilt sind (weil unterschiedliche Spielertypen mit dem einen oder anderen Platz besser klarkommen, einige Spieler gegenwärtig eine „Formkrise" haben o.ä.), prägen sie doch unsere Haltung, mit der wir auf den Platz gehen. Dies ist psychologisch umso interessanter, als ja unser eigenes Spiel zumindest von den Stärken oder Schwächen der anderen Spieler zunächst einmal völlig unbeeinflusst ist. Wie allerdings im Folgenden noch beschrieben wird, können sich aus derartigen Vorannahmen mentale Probleme ergeben, die eigentlich unnötig, weil selbst verursacht sind.

4.1.1 Die verschiedenen Anspruchsniveaus beim Golfen

Aus dieser Kombination von Herausforderungen, vor die uns der jeweilige Platz und die beteiligten Mitspieler stellen, ergeben sich in psychologischer Hinsicht vereinfachende Zuordnungen unsererseits, die für unser Verhalten auf dem Golfplatz von erheblicher Relevanz sind. So lassen sich drei voneinander unterscheidbare Kategorien ausmachen:

- ein Anspruchsniveau, dem wir im „Normalfall" problemlos gewachsen sind (woraus tendenziell *Unterforderung* resultiert)
- ein Anspruchsniveau, dem wir im „Normalfall" nicht gewachsen sind (verbunden mit *Überforderung*)

- ein Anspruchsniveau, das für uns im „Normalfall" eine durchaus zu bewältigende, aber eben nicht einfache Aufgabe darstellt (eine *Herausforderung* im eigentlichen Sinne)

Rational und von außen betrachtet müsste das letztgenannte Anspruchsniveau, also die Herausforderung, für uns die optimale Variante in einer Wettkampfsituation darstellen.

In der subjektiven Perspektive des jeweiligen Spielers kann dies aber ganz anders aussehen, und es ergeben sich hieraus spezifische Konsequenzen mit Blick auf die mentale Fitness. Wir können vor allem die nachfolgenden drei Spielertypen auf dem Golfplatz voneinander unterscheiden:

Spielertyp 1: Der Selbstsichere

Dieser Spielertyp zeichnet sich durch mentale Stärke aus und verfügt über eine realistische Einschätzung seines Leistungsvermögens. Im Falle der Unterforderung gibt er sich keine Blöße. Sieht er sich mit einer Herausforderung konfrontiert, nimmt er diese aktiv an, wobei er stets versucht, eine solche Leistungssituation positiv zu bewältigen. Gegenüber der Überforderung ist er sich dieser im „Normalfall" durchaus bewusst; er versucht allerdings, das Beste aus der gegebenen Situation zu machen – seine mentale Stärke und die oftmals vorhandene mentale Schwäche seiner Mitstreiter verhilft ihm dabei nicht selten zum (bisweilen unerwarteten) Erfolg.

Spielertyp 2: Der Ängstliche

Das Denken dieses Spielertyps ist vor allem von der Maxime geprägt: „Misserfolg vermeiden!" In der Konsequenz dieses Denkens blüht dieser Spielertyp von daher besonders im Falle der Überforderung auf; in diesen Situationen hat er nichts zu verlieren, er kann sich dementsprechend sicher sein, dass niemand von ihm einen Erfolg erwartet. Es lässt sich für ihn ohne Druck spielen, und nicht selten wächst ein solcher Spieler in diesen Situationen tatsächlich über sich hinaus und ist zu Leistungen imstande, die man ihm vorher gar nicht zugetraut hatte.

Dies hört sich zunächst durchaus zielführend an, wir könnten also meinen, dass sich in einer solchen Situation der Überforderung quasi mentale Schwäche in mentale Stärke verwandelt. Unzählige Beispiele machen uns dann aber klar, dass dies im Endeffekt doch nicht so ist – wenn dieser

Spielertyp nämlich ein Turnier unverhofft so offen gestalten kann, dass er eine realistische Chance auf eine gute Platzierung besitzt und dieses auch für sich selbst registriert, findet in der Regel eine Neubewertung der Situation statt, weshalb die bis dahin vorhandene Leichtigkeit oftmals mit einem Schlag dahin ist.

Wirklich problematisch sind für diesen Spielertyp aber Situationen der Unterforderung, weil die Versagensängste bei dieser Konstellation besonders groß sind. Die psychologische Folge ist einfach: Der Spieler agiert derart verkrampft und gehemmt, dass er häufig weit unter seinen Möglichkeiten bleibt. Zwar kann er aufgrund seiner spielerischen Überlegenheit durchaus – und trotz der mentalen Defizite – insgesamt positive Ergebnisse erzielen, die negativen Erfahrungen in der Wettbewerbssituation überwiegen jedoch, da er unter seinen Möglichkeiten bleibt. Für die Zukunft wird sein Selbstbewusstsein auf dem Platz weiter geschwächt werden. Trifft er überdies im Turnier auf spielerisch zwar unterlegene, aber mental stärkere Gegner, also Vertreter des selbstsicheren Spielertyps, können die Defizite durchaus auch zu „zählbaren" Niederlagen führen – zumal dann, wenn die Mitstreiter auf dem Platz die mentalen Defizite des Kontrahenten erkennen (was in der Regel der Fall ist) und hieraus zusätzliche Stärke gewinnen, die ggf. auch noch offen gegenüber dem Ängstlichen demonstriert wird.

Herausfordernde Anspruchsniveaus stellen für den ängstlichen Spielertyp eine Zwischenkategorie dar: Sicherlich sind die Versagensängste deutlich geringer als bei einer Unterforderung, sie sind aber andererseits höher als im Falle der Überforderung. Insofern hat durchaus auch diese Konstellation oftmals zur Folge, dass der Spieler aus der Befürchtung heraus, einen Misserfolg erleiden zu können, weit unter seinen Möglichkeiten bleibt.

In allen beschriebenen Fällen bemerkt dieser Spielertyp, dass er mit erheblichen mentalen Schwächen zu kämpfen hat und sein eigentliches Leistungsniveau häufig nicht abrufen kann. Dies wird ihm auch von seinem Umfeld bescheinigt, oftmals will dieses ihn sogar aufmuntern (nach dem Motto: „Eigentlich musst du die Situation doch im Griff haben!"). Das genaue Gegenteil ist aber auf dem Platz der Fall. Erfahrungen dieser Art sind belastend, aus ihnen resultieren erhebliche Folgewirkungen für den Umgang mit künftigen Leistungssituationen. Es können von daher sich-selbst-erfüllende Prophezeiungen entstehen, weil sich der Spieler selber immer weniger zutraut (und auch das Umfeld wird entsprechend reagieren). Das Problem weitet sich in der Folge stärker aus, es wird in immer mehr Situationen virulent und sich letztendlich bis in die Trainingssituation ausbreiten.

Spielertyp 3: Der Niedrigstapler

Dieser Spielertyp lebt quasi in zwei ganz verschiedenen Welten des Golfs. In der ersten Welt hat er es mit Situationen der Unterforderung zu tun, in dieser Welt fühlt er sich wohl: Er weiß sein Leistungsvermögen durchaus realistisch einzuschätzen, von daher betrachtet er die Gegebenheiten auf dem Platz auch nicht als bedrohlich und meistert sie in der Regel souverän – frei nach dem Motto: „Ich beherrsche den Platz und bin stärker als meine Mitstreiter, von daher werde ich ein gutes Resultat erzielen." In diesen Situationen demonstriert der Niedrigstapler dann auch Selbstvertrauen und mentale Stärke.

In eine völlig andere Welt des Golfs gerät er hingegen beim Aufeinandertreffen mit überfordernden Situationen, wobei er diese wahrgenommene Überforderung auf dem Platz geradezu zelebriert. Sein Spielverhalten folgt der Einstellung: „Ich weiß, dass ich im Grunde wenig Chancen habe, was soll ich also tun?" Im Gegensatz zum selbstsicheren Spielertyp, der in solchen Situationen durchaus aktiv versucht, sich Chancen zu erarbeiten (was nicht selten auch gelingt), resultieren beim Niedrigstapler Gefühle der Hilflosigkeit und in der Folge eine sinkende Motivation, das tatsächlich Bestmögliche aus den gegebenen Bedingungen zu machen. Von daher endet eine Turnierrunde im Sinne einer sich-selbst-erfüllenden Prophezeiung meist so, wie es von vornherein erwartet wurde, nämlich mit einem schlechten Ergebnis für den Spieler.

Gegenüber herausfordernden Situationen, wird das Wettkampfverhalten sehr entscheidend vom anfänglichen Spielverlauf geprägt. Je nachdem, wie sich nämlich der Verlauf auf den ersten Löcher gestaltet, wird bei ihm im positiven Fall die Wahrnehmung in Richtung des Anspruchsniveaus „Unterforderung" oder eben im negativen Fall die Wahrnehmung in Richtung des Anspruchsniveaus „Überforderung" gefördert, wodurch in mentaler Hinsicht das weitere psychologische Erleben und damit das resultierende Agieren auf dem Platz entsprechend forciert wird. Es wurde ja bereits darauf hingewiesen, dass es stets um die subjektive Wahrnehmung von Herausforderung, Über- und Unterforderung geht, keineswegs um eine „objektive" Bewertung der Ausgangssituation beim Spieler. In jedem Fall ist der Niedrigstapler also auch in dieser Konstellation anfällig, und je nach Verlauf im Turniergeschehen kann sein Spielverhalten durchaus auch während der Auseinandersetzung noch mental „kippen".

ÜBUNG: SPIELERTYPEN

- Welchem der drei beschriebenen Spielertypen würden Sie sich am ehesten zuordnen?
- Welche Ursachen sind Ihrer Meinung nach dafür verantwortlich, dass Sie sich zu diesem Spielertyp entwickelt haben?
- War das schon immer so, oder hat sich dies im Laufe Ihrer persönlichen Geschichte als Golfspieler verändert?
- Inwieweit spielt Ihr Umfeld dabei eine wichtige Rolle?

4.1.2 Ursachen für die Herausbildung eines spezifischen Spielertypus

Zunächst sei mit Blick auf die drei vorgestellten Spielertypen angemerkt, dass es sich hierbei natürlich um eine Vereinfachung handelt, welche der Veranschaulichung dienen soll, denn selbstverständlich steht außer Frage, dass jeder Golfspieler eine individuelle Spielerpersönlichkeit mit ganz spezifischen Stärken und Schwächen besitzt. Nichtsdestotrotz hilft eine solche Typologie, das Geschehen auf dem Platz besser zu analysieren und zu verstehen. Die drei skizzierten Spielertypen können wir nämlich vom Freizeitsektor bis hin zum Hochleistungsbereich in erstaunlicher Regelmäßigkeit wiederfinden.

Die kurze Skizzierung der drei Spielertypen offenbart hinsichtlich der mentalen Fitness ganz klassische Problemfelder, die sich vor allem für den Ängstlichen und den Niedrigstapler ergeben, während der Selbstsichere ein deutlich positiveres Verhalten auf dem Platz zeigt. Die Frage ist also: Auf welche Weise entwickelt sich ein aktiver Golfspieler zu einem bestimmten Spielertyp? Und die wohl noch wichtigere Frage lautet dann: Was können wir unternehmen, um auf dem Platz selbstsicher(er) zu agieren und demzufolge Verhaltensmuster des Ängstlichen und des Niedrigstaplers zu vermeiden?

Hierfür müssen wir uns mit den typischen Ursachen beschäftigen, die für die Herausbildung eines spezifischen Spielertypus verantwortlich sind. In dieser Hinsicht lassen sich zwei zentrale Ursachen ausmachen:

Faktor 1: Angst vor dem Versagen

> *„Nur eines macht sein Traumziel unerreichbar: die Angst vor dem Versagen."*
>
> (Paulo Coelho, 1988, S. 148)

Jedes Training (und vor allem jede Runde, die mit einem expliziten Wett-kampfcharakter gespielt wird), mindestens aber jede Turnierrunde stellt eine Leistungssituation für den Spieler dar, an deren Ende er entweder Gefühle des Erfolgs oder aber des Misserfolgs erlebt.

Als Leistungssportler sind wir es gewohnt, als Kriterium für Erfolg oder eben Misserfolg das zählbare Ergebnis heranzuziehen, d. h. die erzielten Scores und die damit verbundenen Platzierungen. Erfolgreich sind wir dem-nach beim Erreichen eines in dieser Hinsicht definierten positiven Ergeb-nisses, Misserfolg erleben wir, wenn wir ein in dieser Hinsicht definiertes negatives Ergebnis erzielt haben.

Dass wir genau diesen *Bewertungsmaßstab* heranziehen, lernen wir als Golfspieler im Laufe unserer „Sportlerkarriere" (oder auch bereits durch entsprechende Erfahrungen in anderen Sportarten). Bereits Kinder und Ju-gendliche machen die Erfahrung, dass Eltern, Trainer oder auch Freunde sich bei der Beurteilung der erbrachten Leistung an erster Stelle an dem „objektiven" Ergebnis, also an der faktischen Platzierung orientieren. Ob im Wettbewerb an sich oder aber auch in vielen Trainingsrunden, stets ist letztendlich das Ergebnis ausschlaggebend. Häufig sind zwar Sätze zu hören wie „Der Trainingsfortschritt ist viel wichtiger als das Ergebnis", „Entscheidend ist, dass meine Tochter Spaß am Golfen hat" oder „Er soll nur alles geben auf dem Platz, dann bin ich zufrieden"; dennoch wird die Mehrheit der Golfspieler sicherlich bestätigen können, dass sich der (eigene) Bewertungsmaßstab letztlich eben doch auf das erzielte Resultat bezieht.

Zum Verständnis der mentalen Stärken und Schwächen auf dem Golf-platz spielt das *Leistungsmotiv* eines jeden Menschen eine entscheidende Rolle. Das Leistungsmotiv setzt sich aus dem *Erfolgsmotiv* (Suche nach Erfolg) und dem *Misserfolgsmotiv* (Vermeiden von Misserfolg) zusammen, wobei Personen sich dahingehend unterscheiden, welches dieser beiden Mo-tive in einer Leistungssituation überwiegt. Wie wir noch sehen werden, sind diese Unterschiede das Ergebnis der gemachten Erfahrungen im Umgang mit Leistungssituationen.

Motivationspsychologisch besonders günstig ist es selbstverständlich, wenn ein Spieler *erfolgsmotiviert* ist: Er ist bestrebt, Erfolg zu haben, und sucht in der Wettkampfsituation den Erfolg. Dieses Motivationsmuster zeichnet den selbstsicheren Spielertyp aus. Er betrachtet die Leistungssituation im subjektiven Erleben tatsächlich als Herausforderung, wobei er sich durchaus bewusst ist, dass er prinzipiell scheitern kann – aber er hat davor keine Angst.

Im Gegensatz hierzu zeichnen sich der ängstliche Spielertyp und auch der Niedrigstapler durch eine überwiegende *Misserfolgsmotivierung* aus, denn sie suchen nicht den Erfolg, sie versuchen vielmehr, den Misserfolg zu vermeiden. Dabei unterscheidet sich die Vermeidung des Misserfolgs psychologisch gravierend von der Suche nach Erfolg: Im Vordergrund des sportlichen Handelns steht nämlich im ersten Fall nicht der positive Wille zum Erfolg, sondern stattdessen das ängstliche Bestreben, den Misserfolg zu verhindern. Die Leistungssituation ist insofern (anderes als beim selbstsicheren Spielertyp) keine Herausforderung, der man sich aktiv, engagiert und nach vorne gerichtet stellt. Vielmehr stellt die Leistungssituation psychologisch eine Bedrohung dar, die man fürchtet und in der man passiv reagiert, um nur „irgendwie" der Konsequenz des Versagens entgehen zu können.

Wie oben bereits angedeutet, sind derartige Versagensängste keineswegs zwangsläufig angeboren, sie sind vielmehr das Resultat einer jeweils individuellen Entwicklungsgeschichte.

ÜBUNG: DER UMGANG MIT POTENZIELLEN VERSAGENSÄNGSTEN

- In welchen Situationen glauben Sie, zu versagen?
- Wem gegenüber glauben Sie, zu versagen?
- Welche Reaktionen werden bei Ihnen in solchen Situationen ausgelöst?
- Wie reagiert Ihr Umfeld auf Sie, wenn Sie einen Misserfolg erleben?
- Haben Ihre Versagensängste in letzter Zeit zu- oder abgenommen? Welche Gründe gibt es hierfür?
- Führen Sie für einen bestimmten Zeitraum (etwa einen Monat) einmal ein Tagebuch hierzu. Dieses hilft, sich der spezifischen Situationen bewusst zu werden, in denen Sie mit Versagensängsten zu kämpfen haben.

Eine ehrliche und offene Auseinandersetzung mit diesen Fragen kann bei der Ursachenanalyse sehr hilfreich sein. Meistens wird dabei relativ schnell klar, dass eigene bzw. von anderen Personen übernommene Erwartungen einen massiven Druck aufgebaut haben, welcher die Leistungssituation zur unangenehmen Bedrohung werden lässt. Wie stark die hieraus resultierende Belastung für viele Spieler auf dem Golfplatz werden kann, verdeutlichen typische „Fluchtreaktionen", um mit diesem Druck fertig zu werden. Diese Reaktionen dürften jedem Golfer aus der Wettkampfpraxis geläufig sein.

1. Der Spieler entzieht sich dem Druck durch Krankheit oder Verletzung

Die einfachste (und sicherste!) Strategie, Misserfolg zu vermeiden, besteht natürlich darin, sich erst gar nicht der Situation zu stellen. Aus dieser Logik ergeben sich wiederum mögliche Konsequenzen für den Umgang eines mental schwachen Spielers mit einer Wettkampfsituation:

- Die moderne Medizin weiß seit langem, dass eine Reihe auftretender Beschwerden psychogen verursacht oder zumindest von der psychischen Konstitution eines Menschen beeinflusst wird. Gerade auch das Schmerzempfinden kann sich von Person zu Person erheblich unterscheiden. Insofern besteht die Gefahr, dass auftretende Beschwerden bei mental schwachen Spielern zur Entziehung aus der Leistungssituation führen. Typische Beispiele dafür sind: chronische Schulterbeschwerden führen immer wieder zur Absage von Turnieren, heftige Kopf- oder Magenschmerzen am Turniertag machen einen Start nicht möglich, akute Rückenschmerzen bedingen einen Spielverzicht. Hierbei müssen wir im Auge haben, dass der Spieler nur in Ausnahmefällen seinem Umfeld bewusst die Beschwerden vortäuscht, vielmehr ist er meist subjektiv tatsächlich davon überzeugt, der Situation krankheits- oder verletzungsbedingt nicht gewachsen zu sein.

- Hinzu kommen solche Wettkampfsituationen, in denen sich der Spieler zwar nicht physisch, dafür aber in psychologischer Hinsicht dem Leistungscharakter der Situation entzieht: Er stellt sich zwar der Situation, aber aufgrund der ihm (und in der Regel auch seinem Umfeld) bekannten Einschränkungen verfügt er bereits über eine Rechtfertigung für das antizipierte Scheitern, bevor auch nur der erste Abschlag absolviert worden ist: „Eigentlich war ja von vornherein klar, dass ich mit diesen Beschwerden keine echte Chance haben konnte, aber ich habe es ja wenigstens versucht."

Selbstentlastende Entschuldigungen der zweiten Art können nun durchaus, auch wenn es zunächst paradox klingen mag, ganz erheblich dazu beitragen, den akuten mentalen Druck drastisch zu reduzieren – in der Folge wird das Leistungsvermögen des Spielers erheblich gesteigert. Zu dieser (Psycho-)Logik passen dann auch Beispiele von mental schwachen Spielern, die trotz einer gravierenden Störung während der Wettkampfvorbereitung (Autounfall auf dem Weg zur Anlage, schwerer familiärer Krankheitsfall usw.) bessere Ergebnisse erzielen, weil eine schlechte Leistung bereits im Vorfeld entschuldbar gewesen wäre; gleiches gilt für mögliche Einschränkungen im Turnierverlauf aufgrund einer akuten Verletzung, sie kann sich (falls nicht zu schwerwiegend) also durchaus auch gewinnbringend auswirken. Hinzu kommt, dass bei der Konkurrenz die Wahrnehmung eines gehandicapten Spielers wiederum den Druck des Gewinnens verstärkt.

Trotz vermeintlicher Vorteile sollten Strategien dieser Art sicherlich nicht gezielt gefördert werden, langfristig erfolgversprechend sind nur die aktive Auseinandersetzung eines Athleten mit dem eigenen psychischen Geschehen und dessen gezielte Veränderung. Umso paradoxer mutet es aus sportpsychologischer Perspektive an, wie hartnäckig Spieler (und zum Teil auch das soziale Umfeld) immer noch etwaige psychologische Defizite negieren und sich stattdessen einseitig auf „handfeste" Erklärungsmuster stützen, die eine Auseinandersetzung mit den individuellen mentalen Problemen nicht erforderlich machen. Es bedarf von daher durchaus noch Aufklärungsarbeit bei Funktionären, Trainern, Eltern und Athleten für das komplexe Zusammenspiel von Psyche und Physis auf das Erleben und Verhalten in sportlichen Leistungssituationen.

Das sagen die Pros

„Ich habe mich ja schon viel mit Psychologie beschäftigt und mir angeeignet. Für mich ist das sehr interessant. Ich werde auf jeden Fall das Gespräch suchen. Ich finde das super. Noch mal: Ich kann jedem nur empfehlen, sich nicht nur körperlich, sondern auch mental in Topform zu bringen. Da kann man als Sportler nicht nur den einen oder anderen Millimeter, sondern Zentimeter herausholen."
(Oliver Kahn, Fußballtorwart, zit. n. Horeni, 2004, o.S.)

2. *Der Spieler entzieht sich dem Druck durch unangemessene Verhaltensweisen auf dem Platz*

Mit der nachfolgenden Strategie, sich psychologisch dem Druck der Leistungssituation zu entziehen, wird wohl jeder Golfspieler schon einmal konfrontiert worden sein; es handelt sich um das ungehörige Verhalten auf dem Platz.

Eine Form eines solchen unangemessen Platzverhaltens ist das so genannte „Abschenken": Ein Spieler zeigt dann offensichtlich keine besonderen Bemühungen mehr, die einzelnen Löcher möglichst ambitioniert zu spielen, ggf. geht er ein völlig unangemessenes Risiko ein, zeigt keinerlei Kampfesbereitschaft und ergibt sich quasi in die somit nicht zu verhindernde persönliche Niederlage. Misserfolg, der ja eigentlich verhindert werden soll, wird auf diese Weise bewusst herbeigeführt – eine widersprüchliche Situation, die sich aus psychologischer Sicht jedoch auflösen lässt: Misserfolg setzt bei diesen Spielern gerade dann ein, wenn sie alles gegeben haben und dennoch schlechte Resultate erzielen. Auch sind sie der Überzeugung, dass das beobachtende Umfeld die Leistung in ähnlicher Weise bewertet. Die Strategie des „Abschenkens" wirkt dieser Gefahr entgegen, weshalb sie bevorzugt dann Anwendung findet, wenn sich der Turnierverlauf (etwa nach den ersten Löchern) in eine ungünstige Richtung entwickelt – Kommentare wie „Ich habe ja gar nicht mehr versucht, eine positive Wende herbeizuführen" oder „Unter ‚normalen' Umständen wäre die Runde ganz anders verlaufen" sind in diesem Zusammenhang typisch.

Ungeachtet der Tatsache, dass aufgrund der sozialisierenden Rahmenbedingungen beim Golf Formen offener Aggressivität auf dem Platz weitaus seltener anzutreffen sind als in anderen Sportarten (bspw. Fußball, Tennis), kann im konkreten Fall dennoch ein sehr hohes Ärger- und Aggressionsniveau bei einem Spieler gegeben sein, das über einen längeren Zeitraum im Rundenverlauf andauert und es dem Spieler unmöglich macht, die einzelnen Löcher noch konzentriert zu spielen. Es handelt sich gleichsam um ein „Abschenken auf Raten". Gerade auch im Kinder- und Jugendbereich können sich Formen der Aggressivität durchaus neben der eigenen Person auf die Mitspieler oder den Platz richten, sie können sich verbal oder in Form von Materialschädigung äußern. Grundsätzlich sollte jegliche Aggressivität, die gegen andere Personen gerichtet ist oder die Schädigung von Sachen zur Folge hat, ein Tabu darstellen und entsprechend negativ sanktioniert werden. Für dieses Verhalten darf es in keiner Altersstufe und keiner Leistungsklasse einen Ermessensspielraum geben. Im Kinder- und Jugendbereich sind vor allem Eltern und Trainer gefordert, wobei es nicht durch Verwendung von Sanktionen bei einer schlichten *Unterdrückung* des unerwünschten Verhaltens bleiben sollte. Vielmehr ist gerade in dieser Altersstufe pädagogisch bedeutsam, dass sich das Umfeld und der Spieler mit den eigentlichen Ursachen solchen Fehlverhaltens auseinandersetzen, um eine dauerhafte Verhaltensänderung erzielen zu können. Im Leistungs- und Hochleistungsbereich kann dies mit kompetenter sportpsychologischer Unterstützung geschehen.

Faktor 2: mangelndes Selbstvertrauen

Die oben beschriebene Angst, vor sich oder anderen Personen zu versagen, ist oftmals verbunden mit einem weiteren zentralen Faktor für fehlende mentale Stärke, nämlich mangelndem Selbstvertrauen: *Selbstvertrauen in der Leistungssituation* lässt sich begreifen als das Vertrauen in die eigenen Fähigkeiten, die anstehende Situation erfolgreich bewältigen zu können, es speist sich in erster Linie aus einem Sich-Verlassen-Können auf die eigenen Bewältigungsstrategien im Umgang mit der Situation. Ist diese Form von Selbstvertrauen in ausreichendem Maße gegeben, wird die Situation als positiv herausfordernd erlebt, im entgegengesetzten Fall jedoch als negativ bedrohend wahrgenommen. Hierbei ist besonders wichtig zu erkennen: Es ist psychologisch weniger wichtig, ob effektive Bewältigungsstrategien tatsächlich vorhanden sind; viel entscheidender ist, ob der Athlet der Überzeugung ist, über diese (nicht) zu verfügen – häufig werden nämlich im Zuge fehlenden Selbstvertrauens die prinzipiell durchaus vorhandenen Potenziale erst gar nicht wahrgenommen.

Wie im Falle auftretender dauerhafter Versagensängste wird mangelndes Selbstvertrauen nicht durch ein paar empfindliche schlechte Runden ausgelöst, vielmehr handelt es sich ebenfalls um das Ergebnis eines langfristigen Entwicklungsprozesses (durchaus auch wieder verbunden mit früheren Erfahrungen in anderen Sportarten), an dem erneut das engere soziale Umfeld maßgeblich beteiligt ist: Inwieweit vermitteln Eltern ihrem sporttreibenden Kind, Vertrauen in die eigenen Fähigkeiten und Talente zu haben? Wie sehr zeigen Trainer ihren Schützlingen, dass sie deren Leistungsvermögen vertrauen? Selbstvertrauen entwickelt der Mensch nicht aus sich heraus, Selbstvertrauen ist zunächst das Resultat entgegengebrachten Vertrauens anderer Menschen in die eigene Person. Wer in seiner Persönlichkeitsentwicklung erlebt, dass ihm Vertrauen entgegengebracht wird, der hat es leichter, Vertrauen zu sich selber aufzubauen. Wer hingegen die Erfahrung macht, dass ihm nur wenig Vertrauen geschenkt wird, wird mit entsprechend höherer Wahrscheinlichkeit dieses Fremdbild übernehmen und es zu seinem eigenen Selbstbild werden lassen.

Dieser Prozess entwickelt sich langsam, geradezu schleichend, er wird in den allermeisten Fällen selbstverständlich vom sozialen Umfeld nicht beabsichtigt. Nichtsdestotrotz müssen sich Eltern, Trainer und weitere Bezugspersonen immer wieder aufs Neue sehr selbstkritisch hinterfragen, inwieweit sie durch einzelne Handlungen, zum Teil schon durch kleine, unausgesprochene Gesten einem Athleten vermitteln, nicht ausreichend an ihn und dessen Leistungsvermögen zu glauben.

Im Zuge sportpsychologischer Beratung wird im Einzelfall immer wieder erkennbar, wie mangelndes Selbstvertrauen bei einer Sportlerpersönlichkeit tiefe Wunden hinterlassen kann, die auch beim erwachsenen Athleten nur langsam und schrittweise verheilen. Gerade für Trainer, die eine solche Entwicklungsgeschichte eines ihnen anvertrauten Spielers meistens nicht kennen, ist es dementsprechend wichtig, eine grundlegende Sensibilität für mögliche Anzeichen in der Trainings- oder Wettkampfsituation (bspw. artikulierte Selbstzweifel, Frustrationsreaktionen) zu entwickeln, vor allem aber sich um ein offenes, vertrauensvolles Verhältnis zu bemühen, wodurch ein Athlet im Bedarfsfall ermutigt wird, das Gespräch mit dem Trainer zu suchen und sich zu öffnen.

Gerade mit Blick auf eine positive Persönlichkeitsentwicklung von Kindern und Jugendlichen kommt hinzu, dass Defizite im leistungsbezogenen Selbstvertrauen ja oftmals nicht nur auf einen spezifischen Bereich beschränkt bleiben, sondern sich auf viele Sektoren (Sport, Schule, weitere Freizeitaktivitäten usw.) beziehen können.

Hinterfragen wir uns an dieser Stelle einmal selbstkritisch: Wie häufig machen wir einer Person direkt oder indirekt deutlich, dass sie doch besser die Finger von einer Sache lassen sollte, dass die kleine handwerkliche Aufgabe besser von dem Bruder zu bewältigen sei, dass Mathematik ja noch nie zu den Stärken der Person gehört habe, dass die Planung eines Events besser jemand anderes übernehmen könnte? Beispiele dieser Art ließen sich sehr viele anführen – es sind genau diese vielen, für sich genommen unspektakulären Erfahrungen, die aber in ihrer *Gesamtheit* dazu beitragen, dass die Begründung von Selbstvertrauen erschwert wird.

Darüber hinaus müssen wir uns auch in weiterer Hinsicht des beschriebenen Zusammenhangs von Vertrauen und Selbstvertrauen bewusst werden: Die Bereitschaft, anderen Personen Vertrauen zu schenken, also das Risiko einzugehen, eigenes Schicksal in die Hände anderer zu geben, ist eng mit dem Grad des individuellen Selbstvertrauens verbunden. Dies ist nicht überraschend: Wie sonst sollen wir Vertrauen in unsere Möglichkeiten, Stärken und Kompetenzen aufbauen, wenn nicht zunächst aufgrund der Erfahrung, dass andere Menschen uns in dieser Hinsicht vertrauen? In der Konsequenz implizieren diese Überlegungen jedoch, dass Athleten mit einem mangelnden Selbstvertrauen oftmals über eine entsprechend geringe Vertrauensbereitschaft verfügen (etwa gegenüber dem eigenen Trainer). Eine eher skeptische bis pessimistische (und eben nicht eine nach vorne gerichtete, optimistische) Grundhaltung hemmt damit zusätzlich den Entwicklungsprozess des Athleten – aus vielen Forschungsbefunden ist nämlich inzwischen bekannt, dass Vertrauen bspw. in den Trainer eine wichtige leistungsförderliche Variable darstellt, da in diesem Fall die Bereitschaft eines Athleten in höherem Maße gegeben ist, sich auf Veränderungen einzulassen, den Weisungen des Trainers zu folgen, aber auch von dessen wahrgenommener Überzeugung in die Potenziale des Athleten selbst zu profitieren.

Die soeben beschriebenen Ursachen zur Herausbildung eines mental schwachen Spielertypus, nämlich Versagensängste und unzureichendes Selbstvertrauen, sind ebenfalls keine isolierten Einflussgrößen, auch sie bedingen sich wechselseitig: Versagensängste erhöhen die Wahrscheinlichkeit eines tatsächlichen Versagens und schwächen auf diese Weise das Selbstvertrauen. Fehlendes Selbstvertrauen wiederum begünstigt die Furcht, in der konkreten Leistungssituation versagen zu können, weshalb diese Furcht nicht selten zu einer sich-selbst-erfüllenden Prophezeiung wird.

Von welcher Seite man die Problematik nun auch immer betrachtet, es lässt sich auf jeden Fall resümieren: Versagensängste und fehlendes Selbstvertrauen lassen die Leistungssituation für den Athleten viel zu selten als Herausforderung erscheinen, vielmehr wird sie von ihm häufig als Bedrohung erlebt – und zwar in einer Form, der er sich vielfach nicht gewachsen fühlt, auf die er entsprechend unangemessen und damit wenig erfolgversprechend reagiert. Insofern stellt sich für uns die Frage, welche Möglichkeiten es gibt, die mentale Stärke eines Athleten gezielt zu fördern und (damit verbunden) positiven Einfluss auf den dargestellten negativen Wirkprozess zu nehmen.

4.1.3 Strategien zur Förderung der mentalen Fitness: Reduzierung von Versagensängsten und Steigerung des Selbstbewusstseins

„Selbsterkenntnis ist der erste Schritt zur Besserung!"

So banal dieser Satz zunächst klingen mag, so zutreffend ist er auch. Veränderung (soll sie denn nachhaltig sein) kann nicht von außen verordnet werden, sie setzt vielmehr die Wahrnehmung voraus, dass die gegenwärtige Situation für die eigene Person unbefriedigend ist. Nur auf diese Weise gewinnen wir überhaupt die erforderliche Motivation, Maßnahmen zur Erreichung eines zufriedenstellenden Soll-Zustandes einzuleiten und diese dann auch konsequent zu verfolgen.

Also: Sich die oben dargestellten Prozesse vor Augen zu führen, sich klar zu machen, welche Streiche uns unsere Psyche auf dem Platz vielfach spielt, sich darüber bewusst zu werden, wie das Zusammenspiel von Körper und Seele funktioniert und sich deren Auswirkungen zu vergegenwärtigen sowie sich letztendlich uneingeschränkt den Ursachen der eigenen mentalen Probleme zu stellen – dieses ist ein nicht einfaches, aber höchst effektives und notwendiges Vorgehen, um positive Veränderungen zu erzielen. Das bekannte Modell der Fähigkeitsentwicklung nach Blom (2000) veranschaulicht diesen Prozess sehr gut (s. Abb. 3).

Nach diesem Modell steht zu Beginn der Entwicklung einer Fähigkeit zunächst der Zustand des *unbewusst Unfähigen*: Man verfügt also über eine bestimmte Fähigkeit nicht, ist sich dessen zunächst jedoch gar nicht bewusst. Hiernach zeichnet sich ein Athlet bspw. durch eine ausgeprägte Misserfolgsvermeidung aus (s. o.), er realisiert jedoch gar nicht, dass er überhaupt nicht in der Lage ist, Leistungssituationen als Herausforderung zu sehen. Im Zuge des Prozesses der Selbsterkenntnis kann nun diese Unfähigkeit bewusst gemacht werden, wodurch der Athlet zum einen den grundlegenden Unterschied zwischen einer Erfolgs- und Misserfolgsorientierung erkennt und sich über diesen Weg seiner diesbezüglichen Schwächen klar wird (Stufe des *bewusst Unfähigen*). Eine kontinuierliche Arbeit an dieser nun erkannten Schwäche führt den Athleten zur Stufe 3 des *bewusst Fähigen*: Er versucht bewusst und konzentriert, sportliche Leistungssituationen als Herausforderung zu sehen, den Bewertungsmaßstab dahingehend zu verändern, dass er stolz und zufrieden ist, wenn er alle in seiner Macht stehenden Faktoren berücksichtigt und konsequent umgesetzt hat – egal, welchen Ausgang eine konkrete Leistungssituation nimmt. Nach längerer Zeit der konsequenten Arbeit (hierfür ist Ausdauer und Disziplin erforderlich) wird die neu erworbene Fähigkeit dem Spieler „in Fleisch und Blut übergehen". Nach und nach muss er sich nicht mehr aktiv und bewusst dazu zwingen, den veränderten Bewertungsmaßstab zu aktivieren, er ist vielmehr in diesem Bereich *unbewusst fähig*.

Abb. 3: Das Fähigkeitsentwicklungsmodell nach Blom (2000, S. 48).

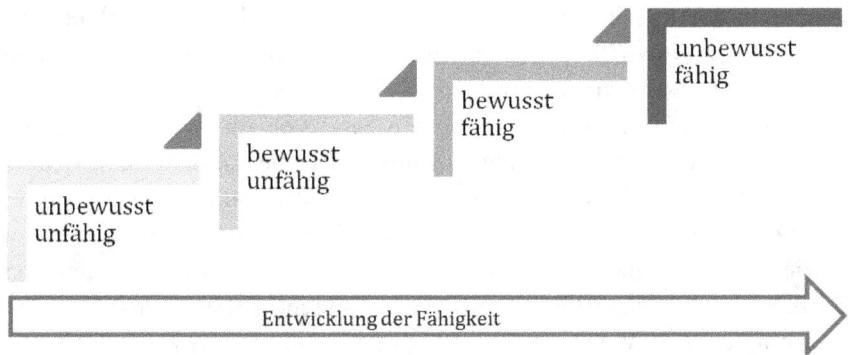

Entscheidende Grundvoraussetzung für die Aktivierung ebendieses Prozesses ist also die eigene Erkenntnis, welch erhebliches Potenzial sich aus einer starken oder eben schwachen psychischen Konstitution für das eigene Leistungsverhalten ergibt – und dies gilt im Übrigen für Athleten jedes Leistungsniveaus.

Die sportpsychologische Beratungstätigkeit zeigt in dieser Hinsicht immer wieder, wie überrascht Athleten über die gewonnene Einsicht sind, in welch massiver Weise objektivierbare Resultate in Trainings- und Wettkampfsituationen aufgrund psychischer Faktoren mitbedingt werden. Dieses durch die *Aufdeckung von Ursachen der eigenen mentalen Schwäche* zu erkennen, beinhaltet aber gleichzeitig die Chance, aus der Schwäche eine Stärke zu machen, d. h. durch die Förderung der persönlichen mentalen Fitness einen erheblichen Fortschritt hinsichtlich des eigenen Leistungsvermögens erzielen zu können. Diese Motivation aus einer solchen Ursachenanalyse zu erzielen, ist eine notwendige Voraussetzung für das In-Gang-Setzen eines nachhaltigen Veränderungsprozesses.

Das sagen die Pros

„Ich weiß nicht, ob du jemals aufhören kannst, dich zu verbessern. Sobald du glaubst, daß du perfekt bist, hast du schon verloren, weil du deinen Fähigkeiten und Entwicklungsmöglichkeiten ein Limit setzt. Und das ist nicht richtig."
(Tiger Woods, o.J. b)

„Emotionsmanagement muss gelernt werden, das ist ein langfristiger Prozess. Das ist wie mit einer sportlichen Technik: Je mehr man trainiert, umso besser sind auch die mentalen Techniken abrufbar."
(Michael Schmitz, zit. n. Schneider, 2007, o.S.)

Weiterhin entscheidend ist die Erkenntnis, dass mentale Probleme durch eine schädigende *Denkstruktur* geprägt sind, die in der Folge mit negativen Gefühlen verbunden ist. Dementsprechend muss diese Denkstruktur erkannt und *verändert* werden.

Typische Elemente einer solchen schädigenden Denkstruktur lassen sich beispielhaft wie folgt beschreiben:

- Erfolgreich bin ich nur dann, wenn am Ende auch ein positiver Score herauskommt.
- Vielfach mache ich mir Gedanken darüber, was andere wohl denken, wenn ich schlechte Ergebnisse erziele.
- Ich habe hohe Anforderungen an meine Leistung. Wenn ich diesen nicht gerecht werden kann, habe ich versagt.
- Ich habe Sorge, dass mich viele als Versager sehen, wenn ich nicht vernünftige Leistungen erbringe.
- Ich gelte in meiner Mannschaft als „mentales Sorgenkind", diesen Eindruck will ich unbedingt durch stabile Leistungen verändern.
- Ich will den anderen zeigen, dass ich besser bin, als sie glauben.
- Ich möchte niemanden dadurch enttäuschen, dass ich schlechte Leistungen erbringe.

Solche Denkmuster, die selbstverständlich prototypisch sind und je nach individueller Spielerpersönlichkeit und den damit verbundenen spezifischen Problemlagen variieren können, tragen in der Regel nicht zu einer erfolgreichen sportlichen Entwicklung bei. Sie erhöhen massiv die Wahrscheinlichkeit, dass sportliche Leistungssituationen mehr und mehr zu einer Bedrohung auf dem Platz werden, sie motivieren nicht, vielmehr demotivieren und blockieren sie. Hierbei ist prinzipiell austauschbar, ob ein solches schädigendes Denkmuster das Ergebnis einer längeren Sozialisation durch Eltern oder Trainer ist, ob es durch das Verhalten von Mannschaftskollegen ausgelöst oder unterstützt wurde oder einfach „nur" durch die Übernahme eines Leistungsanspruches bedingt ist, den ein Athlet aus anderen Bereichen seines Lebens übernommen hat. In jedem Fall ist die Einsicht erforderlich, dass diese Denkmuster existieren und aufgrund ihrer negativen Folgewirkungen verändert werden sollten.

ÜBUNG: DIE EIGENEN DENKMUSTER ERKENNEN

Um Ihre eigenen Denkmuster einmal näher zu betrachten, überlegen Sie mit folgender Hilfestellung, welche Gedanken Ihnen in bestimmten Situationen immer wieder durch den Kopf gehen.
Welche Gedanken ...
- ... gehen Ihnen typischerweise vor einer wichtigen Turnierrunde durch den Kopf?
- ... haben Sie häufig, wenn Sie im Laufe einer Turnierrunde schlechte Schläge gemacht haben?
- ... treten bei Ihnen nach einer guten Turnierrunde in den Vordergrund?
- ... haben Sie typischerweise nach einem Gesamtscore, der Sie knapp scheitern lässt?
- ... kommen Ihnen oftmals nach einem Gesamtscore, der Sie klar scheitern lässt?
- Führen Sie für einen bestimmten Zeitraum (etwa einen Monat) einmal ein Tagebuch hierzu. Dieses hilft, die eigenen Denkmuster zu erkennen, die sich immer wieder im Zusammenhang mit bestimmten Situationen um das eigene Golfen ergeben.

Veränderung destruktiver Elemente der eigenen Denkstruktur

Zur Veränderung unserer eigenen Denkstrukturen – und damit eben zur Erkennung solcher Elemente, die unsere mentale Fitness fördern im Unterschied zu jenen, die ihr schaden – müssen wir uns auf die zentralen Grundlagen mentaler Fitness im Sport besinnen:

- Jegliche Leistungssituation sollte für einen Athleten subjektiv als Herausforderung erlebt werden, nicht jedoch als eine Bedrohung.
- Damit eine Leistungssituation als Herausforderung erlebt werden kann, muss der Athlet wissen, dass er im Umgang mit dieser Situation über angemessene Bewältigungsstrategien verfügt.
- Dies hat zur Folge, dass sich persönlicher Erfolg und Misserfolg ausschließlich über solche Faktoren definieren dürfen, welche der Athlet auch tatsächlich kontrollieren kann. Vom psychologischen Standpunkt her liegt es ausschließlich an ihm selber, ob er Erfolg oder Misserfolg hat.
- Wichtige Elemente sind die Art und Weise seiner Vorbereitung auf einen Wettkampf, ob er in der Leistungssituation alles in seiner Macht Stehende getan hat, inwieweit er eine spezifische taktische Marschroute befolgt hat usw.
- Aus diesen Elementen ergeben sich im Falle eines Misserfolgs ganz konkrete Ansatzpunkte zur Optimierung des eigenen Verhaltens – und damit eben zur Förderung künftigen sportlichen Erfolgs.

Selbstverständlich, und dieser Einwand wird zunächst auch immer von Seiten der Athleten, Trainer und Betreuer erhoben, ist letztendlich für sportlichen Erfolg bzw. Misserfolg das objektivierbare Ergebnis entscheidend. Gerade aber die Veränderung des Denkens von diesem *objektiven Bewertungsmaßstab* weg und hin zu dem neuen (sicherlich gewöhnungsbedürftigen) *subjektiven Bewertungsmaßstab* trägt entscheidend dazu bei, den psychischen Druck auf Athletenseite zu reduzieren und führt auf diesem Weg (nämlich über die damit verbundene Steigerung seiner mentalen Fitness) mittel- und langfristig zu einer Verbesserung auch des objektiven Leistungsverhaltens.

Das sagen die Pros

„Wenn ich ein gutes Match spiele und mich wohl fühle bei dem, was ich tue, dann kann ich auch akzeptieren, wenn ich am Ende verliere."
(Maria Scharapowa, Tennisspielerin, zit. n. Klemm, 2014, o.S.)

Es ist ebenso selbstverständlich, dass eine solch grundlegende Veränderung im Denken des Athleten (und auch seines ihn betreuenden Umfeldes, das ihn idealerweise ja darin unterstützen sollte) sicherlich nicht von heute auf morgen zu erreichen ist, sie benötigt vielmehr Zeit. Im Sinne eines langfristig angelegten *Entwicklungsprozesses* muss der Athlet hierbei immer wieder Gelingen oder Misslingen kritisch hinterfragen, dies kann durchaus auch mit Hilfe professioneller sportpsychologischer Beratung geschehen. Es werden zu Beginn zunächst kleine Schritte sein, und es wird immer wieder auch Rückschritte geben, denn über viele Jahre eingespielte Denkmuster lassen sich logischerweise nicht „per Knopfdruck" abstellen.

Das sagen die Pros

> *„Es hat lange gedauert, bis die Umstellungen in meinem ‚Muskelgedächtnis' tief verankert waren – und in dieser Zeit als ich bei zehn Majors leer ausging, haben viele an mir gezweifelt."*

(Tiger Woods, o.J. b)

Nehmen wir im Vergleich zu dieser Anforderung bspw. die Umstellung einer liebgewonnenen Technik beim Abschlag: Jeder Golfspieler weiß um die Probleme, nach vielen Jahren ein solch automatisiertes Verhalten grundlegend zu verändern, wenngleich in Absprache mit dem Trainer die Sinnhaftigkeit dieser Maßnahme durchaus unstrittig sein kann. Gerade dieser Automatismus ist es aber, der im Falle unserer Denkstrukturen den Athleten immer wieder „auf seine alte Schiene" zurückholen will – der Athlet ist gefordert, sich das „neue" Denkmuster aktiv und in stetiger Wiederholung vor Augen zu führen und dieses dann ganz bewusst auftretenden „alten" Gedanken entgegenzusetzen.

Entscheidende Voraussetzung dieses willentlichen Akts ist jedoch ein Athlet, dem wirklich an der Etablierung neuer Denkstrukturen gelegen ist. Diese sollten daher nicht von außen vorgegeben werden, vielmehr muss jeder Athlet vor dem Hintergrund der oben beschriebenen Grundprinzipien für sich ganz persönlich einen individuellen subjektiven Bewertungsmaßstab für Erfolg und Misserfolg finden, auf dessen Grundlage sich Veränderungen in seinem Denken etablieren können. Dieser Erfahrungsprozess ist für den Erfolg der Veränderung wichtig, denn die vom Athleten formulierten Ansatzpunkte müssen „stimmig" sein, er muss sich damit identifizieren können, da sie seiner ganz individuellen Persönlichkeit entsprechen müssen. In diesem Fall ist die Verantwortlichkeit für das eigene Handeln zudem deutlich ausgeprägter, als wenn dem Athleten ein bestimmtes Muster von außen vorgegeben wird.

In der Regel gibt es bei diesem Prozess einige „Startschwierigkeiten", weil die Auseinandersetzung mit dem eigenen „Inneren" logischerweise für die meisten von uns nicht gerade zur Standardbeschäftigung gehört. Von daher sollten wir zu Beginn einer solchen Maßnahme keine Wunder erwarten, uns aber im Sinne der Motivationsförderung das langfristig zu erwartende Ziel vor Augen führen.

Zudem sollten wir beachten: Wir können bewusst und aktiv versuchen, bestimmte positive Gedanken in unser Bewusstsein zu holen. Ebenso können wir auftretenden negativen Gedanken durch die gezielte Aktivierung gegenläufiger positiver Gedanken entgegentreten. Allerdings können wir nicht verhindern, dass uns destruktive Gedanken in den Sinn kommen. Die kontinuierliche Arbeit an der Veränderung der eigenen Denkstruktur reduziert aber Schritt für Schritt deren Auftretenswahrscheinlichkeit.

Da Denken und Fühlen eines Menschen zudem nicht unabhängig voneinander sind, haben Veränderungen der Denkmuster auch Veränderungen auf emotionaler Ebene zur Folge. Insofern führt oben skizzierte Hinwendung zu einem subjektiven Bewertungsmaßstab, der sich von Erwartungen anderer oder eigener unrealistischer Zielvorstellungen möglichst frei macht, zu einer deutlichen Reduzierung der typischen Versagensängste eines Athleten – er gelangt Schritt für Schritt zu der Erkenntnis, dass er in jeder Leistungssituation selber bestimmen kann, ob sie für ihn zum Erfolg oder Misserfolg werden wird. Wenn er diesen grundlegenden Aspekt erst einmal verinnerlicht hat, ist dies eine ungeheure psychologische Hilfe, aus der er erhebliche mentale Stärke schöpfen kann.

Das sagen die Pros

> *„Wenn du alles gibst, kannst du dir nichts vorwerfen."*
> (Dirk Nowitzki, Basketballspieler, zit. n. Gilbert, 2007, o.S.)

Dieses Denken kann im konkreten Fall zu der Einschätzung führen:

„Ich habe zwar einen schlechten Score erzielt, dennoch bin ich erfolgreich gewesen, weil ich all das, was ich selber in der Hand gehabt habe, konsequent umgesetzt habe."

Nachfolgende Haltung ist ebenso denkbar:

„Ich habe zwar ein sehr gutes Turnierergebnis erreicht, dennoch ist meine erbrachte Leistung bei ehrlicher Betrachtung ein Misserfolg, weil ich mich nicht wirklich diszipliniert vorbereitet und an die mit dem Trainer verabredete Taktik gehalten habe."

Also: Der subjektive Bewertungsmaßstab schließt keineswegs die Möglichkeit des persönlichen Misserfolges aus. Entscheidend ist jedoch, dass ein Athlet sich diesem Misserfolg gegenüber nicht hilflos ausgesetzt erleben muss. Ganz im Gegenteil, denn er hat selber und ganz alleine die Kontrolle über den persönlichen Ausgang der Leistungssituation. Die Zielsetzung, die mit der Veränderung der Denkmuster eines Athleten verbunden ist, lässt sich in zugespitzter Form wie folgt formulieren:

> *„Was ist mir lieber: ein Sieg bei einem wichtigen Turnier, der bei Anlegen des subjektiven Bewertungsmaßstabes ein Misserfolg ist, oder aber eine Niederlage bei einem wichtigen Turnier, die bei Anlegen des subjektiven Bewertungsmaßstabes ein Erfolg ist?"*

Zumindest in der gedanklichen Auseinandersetzung steht ein Athlet bei dieser Fragestellung vor einem Entscheidungsdilemma: Der *kurzfristige „zählbare" Erfolg*, der aber langfristig die mentalen Schwächen nicht beseitigt, sie eher verstärkt und damit über die Zeit gesehen zum „zählbaren" Misserfolg führen wird – oder aber der *kurzfristige „zählbare" Misserfolg*, der aber langfristig die mentalen Schwächen beseitigt und damit über die Zeit gesehen zum „zählbaren" Erfolg beitragen kann.

Je stärker nun ein Athlet für sich erkennt, dass der Weg zu nachhaltiger Veränderung und Optimierung des eigenen sportlichen Leistungsvermögens letztendlich zwingend damit verbunden ist, für ihn insgesamt schädigende Handlungsmuster abzulegen, umso wahrscheinlicher wird der langfristige Erfolg seiner Bemühungen sein.

Dass in dieser Hinsicht (gerade auch bei jüngeren Athleten) das soziale Umfeld eine erhebliche Rolle spielt, liegt auf der Hand – Funktionäre, Trainer und Eltern orientieren sich ja zur Leistungsbewertung in der Regel an dem „zählbaren" Erfolg. Umso förderlicher ist es insofern für den Athleten, wenn dieses Umfeld (etwa nach entsprechenden Gesprächen im Zuge einer sportpsychologischen Betreuung) ebenfalls den subjektiven Bewertungsmaßstab übernimmt und den Athleten in dessen Haltung aktiv unterstützt.

Wenn diese Bereitschaft nicht vorhanden ist oder ein solcher Austausch gar nicht erst stattfindet (etwa in einem Leistungskader im Verein), muss der Athlet lernen, sich von den an ihn von außen gesetzten Erwartungen frei zu machen, um perspektivisch erfolgreicher auf dem Platz agieren zu können. Also: Letztendlich ist es alleine die Entscheidung des Athleten, inwieweit er zukünftig fremdbestimmt (und mit entsprechenden mentalen Schwächen) oder aber selbstbestimmt (mit entsprechender Steigerung seiner mentalen Fitness) handeln wird.

Eine Veränderung des eigenen Denkens und Erlebens reduziert aufgrund des veränderten Bewertungsmaßstabes nicht nur die subjektiven Versagensängste, es wird gleichermaßen eine Stärkung des Selbstvertrauens erzielt: Hat der Athlet nämlich erst einmal für sich realisiert, wie steuerbar erlebter Erfolg und Misserfolg (und damit ja auch deren Auswirkungen auf das eigene Selbstvertrauen) durch die eigene Kontrolle von Disziplin, Anstrengung, Kampfesbereitschaft usw. sind, umso leichter und erstrebenswerter wird es für ihn in der Zukunft sein, Erfolg durch eigene Kraft herbeizuführen und auf diese Weise entsprechende positive Erlebnisse und eine Bekräftigung des Selbstvertrauens zu erfahren. Idealerweise sollte er dabei auch durch das relevante soziale Umfeld unterstützt werden.

Es würde an dieser Stelle zu weit führen und an der Intention dieses Ratgebers vorbeigehen, die oben nur kurz angerissenen „tieferen" Gründe für die Ausbildung massiver Versagensängste und eines sehr schwachen Selbstvertrauens im Detail auszuführen. Eine seriöse Herangehensweise setzt eine intensive Analyse der ganz individuellen Geschichte eines Athleten voraus. Sicherlich ist es von daher auch für den Bereich des Hochleistungssports angeraten, diesen Weg mit einem speziell ausgebildeten Sportpsychologen zu beschreiten.

Nichtsdestotrotz stellt die Auseinandersetzung mit dem eigenen Denken, Erleben und Fühlen und mit der damit verbundenen Frage, was uns gut tut und was für unsere psychische Ausgeglichenheit schädigend ist, eine Aufgabe dar, die uns die Automatismen unseres täglichen Handelns vor Augen führt und uns auf diese Weise die Möglichkeit gibt, uns besser kennenzulernen und kritisch hinterfragen zu können. Vielfach lassen sich über diesen Weg sehr deutliche Verbesserungen hinsichtlich der persönlichen mentalen Verfassung erzielen.

ÜBUNG: SICH SEINER INDIVIDUELLEN ERFOLGSBILANZ BEWUSST WERDEN

Beschäftigen Sie sich zur Einschätzung Ihres Leistungsstands nach einem Trainings- oder Wettkampftag immer wieder einmal mit folgenden Fragen:

- Welche Spielsituationen/Übungen haben Sie heute besonders gut gemeistert?
- Was genau hat Ihren Erfolg in diesen Situationen spielerisch ausgemacht?
- In welchen Situationen auf dem Platz haben Sie sich besonders gut/selbstbewusst gefühlt?
- Welche Spielsituationen/Übungen haben Sie heute nicht erfolgreich bewältigt?
- Was können Sie tun, um diese Situationen demnächst auf dem Platz besser zu bewältigen?

Aber auch in dieser Hinsicht gilt: Ebenso wie die Arbeit auf dem Golfplatz selbst muss die Arbeit an der eigenen mentalen Fitness diszipliniert, stetig und langfristig erfolgen, nur auf diese Weise sind dauerhafte Erfolge zu erwarten.

Das sagt die Wissenschaft

„Die moderne Sportpsychologie verfügt längst über eine Vielzahl etablierter psychologischer Trainingsmaßnahmen [...]. Darüber hinaus hat sich die sport-psychologische Praxis systematisiert und reiht sich auf diese Weise ein in die anderen Trainingsbereiche wie Kraft, Kondition und Technik."

(Beckmann, 2012, S. 11)

„Bei vielen Sportlern und Trainern hat sich [...] die Erkenntnis durchgesetzt, dass mit-hilfe der Psychologie zwar kein mittelmäßig talentierter Athlet zum Weltmeistertitel gebracht werden kann, aber psychologische Fertigkeiten bei zwei gleichermaßen talen-tierten und trainierten Sportlern den entscheidenden Vorteil zum Sieg liefern können."

(Beckmann & Elbe, 2011, S. 11)

Das sagen die Pros

„Machen wir uns doch nichts vor: Das Spiel ist zu 95 Prozent kopfgesteuert. Wenn jemand lausig Golf spielt, braucht er keinen Golflehrer, sondern einen Psychiater."
(Tom Murphy, Golftrainer, zit. n. Hansen, 2015, S. 3)

Nachfolgend ist eine durch den Prozess konsequenter mentaler Arbeit sich verändernde Denkstruktur beispielhaft dargestellt.

Grundregeln meiner Arbeit als Leistungssportler

---

1) Ich arbeite jeden Tag *diszipliniert und konsequent*
   - auf dem Golfplatz und
   - außerhalb des Golfplatzes.

2) Ich bin für mich und meinen Erfolg selbst verantwortlich.

3) Training und Wettkampf sind Herausforderungen, denen ich mich aktiv stelle.

4) Erfolg heißt, alles zu tun, was ich selber beeinflussen kann,
   - auf dem Golfplatz und
   - außerhalb des Golfplatzes.

Dies ist mein *Bewertungsmaßstab*. Wenn ich diesen umsetze, bin ich mit mir und meiner Leistung zufrieden.

5) Es ist unwichtig, wie *Außenstehende* meine Leistung bewerten. Ich muss mit mir, meiner Leistung, meinem Leben zufrieden sein.

6) Ich versuche, positiv und nach vorne gerichtet zu denken. Negative Gedanken ersetze ich durch *positive Gedanken*.

7) Es gibt keine Ausreden, nicht jeden Tag erfolgreich sein zu können. Ich habe meinen Erfolg *selber* in der Hand.

Zur weiteren Verdeutlichung ist im Folgenden eine beispielhafte, sehr konkrete Verhaltensanleitung dargestellt, die sich jeder Golfspieler zu eigen machen könnte.

Verhaltensregeln eines Golfspielers

→ Unter den jeweils gegebenen Bedingungen immer optimal trainieren!

→ Unter den jeweils gegebenen Bedingungen immer optimal diszipliniert sein!

→ Jedes Loch konzentriert, fokussiert und ohne Hektik spielen!

→ Jeden Schlag hundertprozentig spielen, keine halben Sachen auf dem Platz machen – der Versuch ist wichtiger und langfristig erfolgreicher als das kurzfristige Ergebnis!

→ Bei Schwachpunkten auf den nächsten Schlag positiv ausgerichtetsein!

→ Sich nicht seinem Ärger, seinen Aggressionen und Frustrationen hingeben, sondern aktiv dagegen ankämpfen und weiter positiv ausgerichtet arbeiten!

→ Dennoch seine Schwachstellen nach einem Training oder einer Turnierrunde kritisch analysieren und seine Lehren daraus ziehen, d. h. weiter positiv ausgerichtet hart arbeiten!

→ Nach einem schwachen Training oder einer unbefriedigenden Turnierrunde auf den nächsten Tag positiv ausgerichtet sein!

→ Sich nicht den negativen Gedanken hingeben, sondern sich immer wieder aufs Neue einen Ruck geben und positiv und nach vorne gerichtet denken!

→ Immer besser sein wollen als die anderen, und das heißt vor allem: Immer härter arbeiten als die anderen!

→ Sich Selbstvertrauen dadurch holen, dass man wirklich alles gibt, was möglich ist, und nicht dadurch, dass alles so gelingt, wie es gelingen könnte!

→ Jeden Tag „fighten, bis der Arzt kommt"!

Diese Beispiele einer konsequenten Umsetzung des subjektiven anstelle des bislang dominierenden (und hemmenden) objektiven Bewertungsmaßstabes führen schrittweise dazu, dass der Athlet die Kontrolle über den eigenen Erfolg und Misserfolg (zurück)gewinnt, dass er ausschließlich persönliche Verantwortung für eigenen Erfolg und Misserfolg erfährt, dass er auf diese Weise Schritt für Schritt Versagensängste reduzieren, Selbstvertrauen steigern und mentale Stärke fördern kann.

4.2 Die Auseinandersetzung mit spezifischen Situationen auf dem Platz

Bislang haben wir uns mit mentalen Problemen vor dem Hintergrund der Herausbildung eines spezifischen Spielertyps beschäftigt. Ein solcher Spielertyp ist das Ergebnis eines langfristigen Lernprozesses mit einer Vielzahl leistungsrelevanter Erfahrungen. Wir alle wissen, dass sich mentale Probleme im Golf gerade auch im Zuge ganz spezifischer Situationen auf dem Platz zeigen. Die Art und Weise, wie ein Athlet mit diesen Situationen umgeht, ist nun einerseits das Ergebnis eines solchen Lernprozesses, andererseits wird ein destruktiver Umgang mit diesen Situationen mentale Defizite verstärken, während ein schrittweise positiverer Umgang zu Verbesserungen der psychischen Stärke führen wird.

Also: Es gibt eine Reihe von typischen Situationen im Verlauf einer Turnierrunde, bei denen sich gewissermaßen „die Spreu vom Weizen trennt", die also aus mentaler Sicht besondere Anforderungen an den Athleten stellen. Psychologisch lässt sich das Geschehen wie folgt beschreiben: Beim Auftreten einer bestimmten Situation auf dem Platz wird im Kopf des Athleten eine Art *inneres Drehbuch* aktiviert, d. h. er „weiß" im Grunde genommen bereits, wie sich diese Situation weiter entwickeln wird, obwohl er sich gerade erst am Beginn des Situationsverlaufes befindet.

✒ Stellen wir uns zum Zwecke der Anschaulichkeit folgende typische Alltagssituation vor: Wir sind am Vormittag zu Hause, es klingelt, wir gehen zur Tür und öffnen diese. Der eigene Blick fällt auf einen gepflegt aussehenden Herrn mittleren Alters, der einen Staubsauger mit sich führt und uns ein höfliches „Guten Morgen!" entgegenruft. Noch bevor wir diesen Gruß erwidern, haben wir eine Einschätzung der Situation und insbes. auch des weiteren Verlaufs dieser Situation vorgenommen (nämlich: Staubsaugervertreter will in unsere Wohnung, uns das neueste Produkt vorführen und es uns nach Möglichkeit mit gut einstudierten Argumenten verkaufen), wir rufen in der Regel automatisch ein spezifisches Verhaltensmuster für diese Situation ab (bspw. das sofortige Schließen der Tür oder aber ein freundlicher, jedoch energischer Hinweis darauf, dass kein Bedarf an einem neuen Staubsauger besteht).

In diesem Beispiel wird also ohne größeres Überlegen ein bestimmtes Drehbuch aktiviert, es wird eine entsprechende Bewältigungsstrategie abgerufen, die sich in der Vergangenheit als erfolgreich erwiesen hat. Insofern wird diese Situation von dem Akteur auch nicht als problematisch erlebt, weil er ja weiß, wie er sich in dieser Situation zielführend zu verhalten hat. Eine solche Situation wird also keineswegs als bedrohlich eingeschätzt werden.

Das Szenario stellt sich nun aber völlig anders dar, wenn der Akteur aus seiner bisherigen Erfahrung mit ähnlichen Situationen zu der Einschätzung gelangt ist, dem konkreten Ereignis eben nicht gewachsen zu sein, d. h. also, er „weiß" (und zwar bereits zu Beginn der Situation), dass er wieder einmal nicht den höflich vorgetragenen Argumenten des Vertreters energisch genug entgegentreten kann, er „weiß", dass er ihn (obwohl dies absolut gegen seinen tatsächlichen Willen geschieht) wieder einmal in seine Wohnung hereinbitten wird, und er „weiß" schließlich ebenfalls, dass er am Ende des Gespräches mit hoher Wahrscheinlichkeit einen Vertrag unterschrieben haben wird. Dies alles „weiß" er, obwohl er sich am Beginn der Situation befindet und selbstverständlich – „objektiv" und von außen betrachtet – durchaus in der Lage wäre, dem Ereignisverlauf eine komplett andere Wendung zu geben.

Entscheidend dafür, dass dies wohl nicht passieren wird, ist die persönliche Einschätzung des Akteurs, über keine angemessenen *Bewältigungsstrategien* zu verfügen, um eben diesen veränderten Verlauf in die Wege zu leiten. Er bringt es nicht fertig, gegenüber der anderen Person einfach die Tür zu schließen, oder aber seinen tatsächlichen Willen überzeugend zu artikulieren. Die Einschätzung, nicht zielführend mit der Anforderung umgehen zu können, hat aus psychologischer Sicht zur Folge, dass die Situation als subjektiv problematisch, weil für die eigene Person bedrohlich, erlebt wird.

Psychologisch interessant ist an diesem Beispiel vor allem der Umstand, dass dem Akteur ja klar ist, wie er eigentlich handeln müsste, das Wissen alleine ist aber für eine erfolgreiche Umsetzung eines adäquaten Verhaltens keineswegs ausreichend: Soziale Ängste, Hemmungen und Unsicherheiten überwiegen an dieser Stelle, sie führen folgerichtig zum Einsatz eines entsprechend unangemessenen Handlungsmusters. Im Übrigen ist die soeben beschriebene Konstellation nicht selten, und genau davon profitieren letztendlich Vertreter und Verkäufer, die von Haustür zu Haustür ziehen.

Ähnliche Drehbücher werden nun auch in spezifischen Matchsituationen aktiviert. Vergleichbar mit unserem Alltagsbeispiel werden diese Situationen dann als bedrohlich erlebt, wenn der Athlet bei sich subjektiv keine hinreichend effektiven Strategien zum Umgang mit diesen Situationen wahrnimmt. Durch die Aktivierung eines aus vergangenen, abgespeicherten Misserfolgserfahrungen resultierenden Drehbuchs endet diese Situation mit hoher Wahrscheinlichkeit wiederum mit einem Misserfolg. Insofern können sich solche Negativerlebnisse im Laufe einer sportlichen Karriere in der Psyche eines Athleten verfestigen, zumal es sich beim Ablauf eines derartigen Drehbuches um einen primär automatisiert ablaufenden Prozess handelt.

Widmen wir uns auf dieser Grundlage im Folgenden den aus der sportpsychologischen Beratungspraxis besonders wichtigen, weil problematischen Situationen auf dem Platz zu, so müssen wir stets Folgendes im Auge behalten: Entscheidend für den effektiven Umgang eines Athleten mit mental kritischen Situationen ist die Frage, ob er diese Situation subjektiv als Bedrohung oder als Herausforderung für sich erlebt – wahrgenommene Bedrohung erhöht das negative Stress- und Angstpotenzial, der Athlet wird in der Regel unterhalb seiner maximalen Leistungsgrenze verbleiben. Wahrgenommene Herausforderung erhöht hingegen das positive Spannungs- und Aufmerksamkeitspotenzial, der Athlet wird insofern mit deutlich höherer Wahrscheinlichkeit sein Leistungsvermögen abrufen können.

Anmerkung zu den weiteren Ausführungen: Die jeweils gegebenen Hinweise am Ende der kurzen Kapitel sollen Ihnen künftig im Umgang mit den beschriebenen Situationen helfen. Dabei sind die Wiederholungen in den Ausführungen bewusst und beabsichtigt, denn diese sollen Sie immer wieder an den Kern (bzw. an das Kernproblem) mentaler Fitness heranführen und Sie auf die diesbezüglich zentralen Komponenten aufmerksam machen. Sie werden daher auch erkennen, dass sich die Grundmuster der mentalen Defizite in den spezifischen Situationen durchaus ähneln. Dennoch werden diese an den konkreten Beispielen mit der intendierten Wiederholung und dem damit verbundenen Wiedererkennungswert verdeutlicht. Last not least akzeptieren Sie bitte, dass mit „kochbuchartigen" Handlungsvorschlägen bewusst sehr sparsam umgegangen wird – die entscheidenden und grundsätzlich schwierigeren, aber langfristig erfolgversprechenden Arbeitsschritte finden in Ihrem Kopf statt!

4.2.1 Die ersten Schläge

Jeder Golfspieler wird aus eigener Erfahrung wissen, dass gerade den ersten Schlägen auf einer Runde in mentaler Hinsicht eine besondere Bedeutung zukommt. Das Gelingen oder Nichtgelingen dieser ersten Schläge ist dabei umso wichtiger, je unsicherer ein Spieler in die Runde geht: Bin ich heute in guter Form? Kann ich an meine Leistungen der vergangenen Woche anknüpfen? Läuft es heute wieder so schlecht wie die letzten beiden Male? Schaffe ich es, mir einen wichtigen ersten Vorteil gegenüber meinen Kontrahenten zu verschaffen? Das entsprechende Ergebnis wird den weiteren Verlauf des Spiels in die eine (positive) oder eben in die andere (negative) Richtung führen.

Gerade auch mit Blick auf die Konkurrenz im eigenen Flight ist der Rundenbeginn, ähnlich wie auch in anderen Sportarten, von einem anfänglichen gegenseitigen Beobachten geprägt. So lassen sich bereits in diesem frühen Stadium mögliche Stärken und Schwächen bei den anderen Spielern erkennen. Gleichzeitig aber ist vielfach zu beobachten, dass Golfer fatalerweise gerade zu Beginn einer Runde noch nicht über die erforderliche Spannung verfügen, d. h. sie sind noch nicht wirklich in vollem Maße ins Turniergeschehen involviert. Dieser Umstand zeigt sich bspw. in unnötigen Konzentrationsschwächen und daraus resultierenden leichten Fehlern – oft genug mit der Konsequenz, bereits zu Beginn Chancen relativ leichtfertig ungenutzt zu lassen, denen ein Spieler dann bei den weiteren Löchern unnötigerweise „hinterherlaufen" muss.

Psychologisch anders, aber vom Effekt her identisch, verhält es sich, wenn der Golfer von einer typischen „Anfangsnervosität" geplagt wird, die sein Leistungsvermögen gerade während der ersten Schläge und Löcher signifikant schwächt. In solchen Situationen wird dann ein typisches Drehbuch („Immer muss ich meinen vertanen Chancen hinterherlaufen") aktiviert, wodurch wiederum mentale Defizite begünstigt werden. Dieses Phänomen gilt selbstverständlich nicht nur zu Beginn einer Turnierrunde, sondern kann auch bei den vielen nachfolgenden Löchern auftreten, allerdings in der Regel in abgeschwächter Form, da der Athlet ja bereits „ins Turniergeschehen" hineingefunden hat.

Ungeachtet der individuellen Stärken und Schwächen eines Golfspielers beim Abschlag, bei den Annäherungsschlägen oder beim Putten, ist gerade im Zuge des Anfangsgeschehens der Abschlag besonders wichtig, stellt er doch das Entrée für eine erfolgversprechende Bewältigung eines Loches dar.

ÜBUNG: GESTALTUNG DER ABSCHLAGSITUATION

- Unter welchen Voraussetzungen gelingt Ihnen ein sehr guter Abschlag?
- Wie fühlt sich ein sehr guter Abschlag bei der Ausführung an?
- Welche Gedanken helfen Ihnen vor einem Abschlag, damit dieser Ihnen sehr gut gelingt?
- Welche Gedanken behindern Sie bei der Ausführung eines Abschlags?

Versuchen Sie sich anhand dieser Fragen, sich Ihre ideale Abschlagsituation inklusive eines gelungenen Abschlages immer wieder vorzustellen und sich in das Geschehen hineinzufühlen – vor allem auch, bevor Sie den Platz betreten.

Auseinandersetzung mit der Situation: „erste Schläge"

Generell gilt: Die wesentliche mentale Arbeit setzt an der grundsätzlichen psychischen Stärke des Spielers an, also an dessen Erleben von Herausforderung oder Bedrohung in der konkreten Leistungssituation. Vor diesem Hintergrund folgen nun einige Hilfestellungen für den Umgang mit der geschilderten Situation. Machen Sie sich die beschriebenen psychologischen Vorgänge bewusst – dies ist der Beginn für die Veränderung!

→ Nehmen Sie sich vor dem ersten Abschlag noch einmal ganz bewusst Zeit, bevor Sie mit der Runde beginnen!
Diese Phase soll Ihnen helfen, ausreichend Spannung aufzubauen, um unnötige Anfangsfehler zu vermeiden.

→ Bei Anfangsnervosität: Vermeiden Sie jegliche Hektik, lassen Sie sich in besonderer Weise Zeit zwischen den einzelnen Schlägen, sammeln Sie vor jedem Schlag Ihre Konzentration und achten Sie auf eine sehr gute Körperspannung!

Auf diese Weise können Sie typischen Erscheinungsformen aufkommender körperlicher Verkrampfung effektiv entgegenwirken.

→ Machen Sie sich klar, dass sich Ihre Mitspieler in der gleichen Situation befinden wie Sie selber!

Dies ist ein Umstand, den wir in unserer „kleinen Gedankenwelt" häufig völlig aus den Augen verlieren, der aber sehr wichtig ist – nicht nur für Sie ist es eine schwierige Situation, sondern eben auch für Ihre potenziellen Gegner. Gehen Sie davon aus, dass Sie mit dieser Situation mindestens genauso gut zurechtkommen wie diese.

→ Egal, wie positiv oder negativ die ersten Schläge ausfallen – trauern Sie keineswegs verlorenen Chancen hinterher, sondern gehen Sie positiv und kämpferisch an die Bewältigung der weiteren Löcher!

4.2.2 Die letzten Schläge

Neben dem Beginn einer Turnierrunde spielt die mentale Verfassung gerade auch an den letzten Löchern eine zentrale Rolle – im Rahmen des Finishs besteht die letzte Möglichkeit, die eigene Platzierung zu verbessern, andererseits wird nicht selten eine gute Ausgangsposition am Ende doch noch verspielt.

Denn wenngleich für den individuellen Score die Leistung an jedem Loch gleichermaßen bedeutsam ist, so wird die psychologische Relevanz doch sehr unterschiedlich erlebt. Nach den letzten Schlägen besteht eben nicht mehr die Möglichkeit, gemachte Fehler auszugleichen, die Konsequenzen des eigenen Handelns wiegen also deutlich folgenschwerer. Hinzu kommt, dass die vorausgegangenen positiven wie negativen Ereignisse während der Turnierrunde die Entwicklung des weiteren Spielverlaufes entscheidend prägen.

Das sagen die Pros

„Das Wichtigste ist, dass man sein Spiel nicht von seinem Score abhängig macht. Ich weiß, dass das schwierig ist, weil der Sinn eines Wettspiels ja das Gewinnen ist, aber man muss sich davon lösen. [...] Es geht darum, von vornherein zu akzeptieren, dass der Schlag auch daneben gehen kann. Wenn ich das beherzige, mache ich auch einen viel besseren Schlag."

(Sandra Gal, LPGA-Proette, 2011, o.S.)

Handelt es sich in dieser Hinsicht um mental schwache Spieler, also solche, die gerade im Umgang mit den letzten Löchern eine Reihe von negativen Erfahrungen gemacht haben, so setzt das vorhandene *negative individuelle Drehbuch* in der Pause zwischen bereits gespielten und antizipierten Löchern ein.

Eine so manchem Golfspieler wohl bekannt vorkommende Situation: Der Sportler hat sich im Rundenverlauf nach fünfzehn Löchern eine sehr gute Platzierung erarbeitet, drei weitere Löcher liegen noch vor ihm. Bis zu diesem Zeitpunkt hat er alle Anforderungen des Platzes ohne Ausreißer solide gemeistert, dabei konnte er, einige Birdies und womöglich sogar ein Eagle bei nur wenigen Bogeys erzielen. Die letzten Löcher stellen in technischer Hinsicht keine besonderen Anforderungen dar, jedoch hat sich der Spieler schön häufiger am Ende einer Turnierrunde unerwartet schlechte Schläge geleistet. Dadurch hat er sich selbst einige Male um den Lohn seiner vorherigen Leistung gebracht.

Typische Gedanken in Erwartung der noch zu spielenden Löcher könnten nun sein: „Jetzt habe ich während der gesamten Runde solide gespielt. Hoffentlich gelingt mir das auch jetzt, damit ich den Sack zu machen kann." Oder in gravierenderer Form: „Jetzt habe ich wieder einmal die Möglichkeit, mein Handicap deutlich zu verbessern. Wahrscheinlich geht das auch dieses Mal wieder schief." An dieser Stelle sei nochmals betont, dass aufgrund der mitunter großen Zeitspanne zwischen den Schlägen einmal entstandene Selbstzweifel negative Eskalationsspiralen hervorbringen können, zumal Golfer sich in den Zwangspausen vornehmlich mit sich selbst beschäftigen, weil konstruktive Möglichkeiten der zwischenzeitlichen Ablenkung bzw. der sich-selbst-Vergewisserung oder des sich-selbst-Aufrichtens im Gegensatz zu anderen Sportarten fehlen: So kann ein Fußballspieler nach verschossenem Elfmeter und eintretenden Selbstzweifeln sich bspw. über eine aggressive und energische Verteidigung wieder Selbstvertrauen „zurückerkämpfen", was zugleich destruktive Gedanken zur vergebenen Chance im Keim zu ersticken hilft. Auch ein kurzes Gespräch mit seinen ihm Mut zusprechenden Mannschaftskameraden kann ein Ventil darstellen, negatives Denken zu beseitigen. Beim Tennis (als ein Beispiel aus dem Individualsport) besteht die Möglichkeit, in einer guten Phase sich permanent selbst von der eigenen Leistungsfähigkeit zu überzeugen und auf diese Weise sprichwörtlich „am Ball zu bleiben"; die Konzentration auf den Ball setzt den mentalen Fokus überdies auf den Augenblick. Wenn einige Schläge zu unplatziert sind, kann der Athlet etwa die Länge seiner Aufschläge unmittelbar nachjustieren, um sich seiner Normalform schrittweise wieder anzunähern. Gleichzeitig bleibt er dauerhaft aktiv(iert), abgesehen von den relativ kurzen Ruhepausen befindet sich der Tennisspieler permanent in einer Situation des Handels, in der er sich seiner Selbstwirksamkeit und seinem spielerischen Vermögen versichern kann.

Golfer hingegen müssen stets nach einer längeren Phase der Passivität unmittelbar agieren und „abliefern". Zwischen den Schlägen bleiben den Spielern allein mentale Betätigungs-und Ablenkungsmöglichkeiten; häufig beschäftigen sie sich dabei gedanklich ausschließlich mit sich selbst, indem sie entweder über den vorherigen Schlag nachdenken oder sich bereits mit den nächsten anstehenden Schlägen befassen. Ersteres führt gerade bei unsicheren Athleten mit entsprechender Vorgeschichte zu einem Gefühl des Selbstzweifels, wodurch auch in guten Phasen das Zutrauen in das eigene Leistungsvermögen geschmälert und in der Folge sich-selbst-erfüllenden Prophezeiungen (s. Kap. 4.2.4) aktiviert werden können. Aber auch die Konzentration auf die nächste anstehende Spielsituation kann den Druck unnötig erhöhen und die eigene Performance negativ beeinflussen, da das übermäßige Hineinversetzen in den anstehenden Schlag den Bewegungs- und Konzentrationsprozess beeinträchtigen vermag; typische Beispiele sind ein verkrampfter Bewegungsapparat oder die bereits erschöpfte Konzentrationsfähigkeit beim tatsächlichen Schlag. Idealerweise befasst sich ein Golfer daher in den langen Pausen zwischen zwei Schlägen nicht mit dem eigenen Spiel, sei es nun gut oder schlecht, sondern er erarbeitet sich vielmehr effektive mentale „Exit-Strategien", die es ihm ermöglichen, vom Kopf auszusteigen und hemmenden Verkrampfungen vorzubeugen. Hinzu kommt das von Bob Rotella (2006, S. 56) skizzierte „Leben für den Augenblick", statt – wie beschrieben – in die Vergangenheit oder die Zukunft abzuleiten: „Ein Spieler, der ganz im Hier und Jetzt agiert, nähert sich dem Tee und beginnt erst dann darüber nachzudenken, wie er den Abschlag ausführen möchte. [...] Er trifft, er akzeptiert das Resultat und begibt sich zum Ball. Dann – und erst dann – widmet er sich dem nächsten Schlag. Diesen Prozess wiederholt er, bis der Ball jeweils eingelocht oder die Runde zu Ende gespielt ist."

Diese Aspekte machen das Kernproblem mentaler Schwäche noch einmal für uns transparent: Die das Handeln des betroffenen Golfers steuernden Gedanken sind ausschließlich auf die *Abwehr einer Bedrohung* ausgerichtet. Von daher kann er eine selbst faktisch vorhandene sehr gute Ausgangslage nicht als positives „Startkapital" nutzen – paradoxerweise wird also in dieser Situation der eigentlich bestehende Vorteil zum psychologischen Nachteil für den Spieler, da für ihn in seinem Erleben mit diesem Vorteil eben nicht Herausforderung, sondern vielmehr Bedrohung verbunden ist.

Eine solche Denkweise, die selbstverständlich das Ergebnis vieler vorausgelaufener Erfahrungen mit ähnlichen Situationen ist, erhöht dann die Wahrscheinlichkeit bekannter Symptome mentaler Schwäche: Der Spieler fühlt sich unlocker und unsicher bei seinen Schlägen, agiert zu hektisch, trifft taktisch unkluge Entscheidungen, verkrampft in der Muskulatur usw. Für sein Leistungsvermögen gänzlich unnötige Defizite bei den Abschlägen, den Annäherungsschlägen und beim Putten sind die Folge. Dabei werden mit jedem schlechten Schlag die destruktiven Gedanken und die soeben skizzierten Symptome verstärkt. Kommt es dann tatsächlich wieder zu einem Misserfolgserlebnis (also etwa in Form eines Doppel-Bogeys an Loch 16), fühlt sich der Spieler (und eben oftmals auch seine Umwelt wie Trainer, Eltern und Funktionäre, die ihm dies ggf. durch entsprechend unreflektiertes Verhalten signalisieren) dem Drehbuch nach in seiner Wahrnehmung bestätigt, als Konsequenz resultiert eine Verfestigung dieser kontraproduktiven Gedanken.

Bedauerlicherweise haben bei mental schwachen Athleten negative Erfahrungen, die wiederum die eigene ungünstige Sichtweise bestätigen, gravierendere Auswirkungen als „überraschend" eintretende positive Erfahrungen.

♭ Also im konkreten Beispiel: Wenn wieder einmal ein Leistungsabfall an den letzten Löchern eingetreten ist, wird die persönliche Schwäche ein Stück mehr zementiert. Wenn aber die letzten Löcher solide gespielt wurden und dies dann etwa eine Verbesserung des Handicaps für den Athleten zur Folge hat, sind die positiven Auswirkungen für die nächsten ähnlichen Leistungssituationen weit weniger erheblich. Dieses Phänomen, getreu nach dem Motto „Das Glas ist halb leer und nicht halb voll", spiegelt die grundsätzlich eher pessimistische Haltung mental anfälliger Athleten wider, die entscheidend im Zusammenhang mit deren subjektiven Ursachenzuschreibungen steht.

Exkurs: Ursachenzuschreibungen

Es besteht bei uns allen ein grundsätzliches Bedürfnis, bei wichtigen Ereignissen Ursachen für das beobachtete eigene Verhalten und das Verhalten anderer Personen zu finden.

Wir fragen uns also: „Warum hat Herr X in der Situation Y so und nicht anders agiert?" Ebenso fragen wir uns aber auch: „Warum habe ich in der Situation Z so und nicht anders gehandelt?" Wir suchen also nach den Beweggründen fremden wie eigenen Verhaltens, damit es für uns subjektiv erklärbar wird.

Hinter diesem grundsätzlichen *Bedürfnis* steht ein zentrales Motiv der Menschen, wir sind nämlich bestrebt, *Kontrolle über uns und unsere Umwelt* zu besitzen. Verfügen wir über Erklärungen für beobachtetes Verhalten, dann erlangen wir psychologische Kontrolle über eine Situation. Auf diese Weise lässt sich auch erklären, warum etwa Naturkatastrophen oder auch völlig irrational erscheinende Gewaltverbrechen bei uns Menschen zum Teil sehr heftige Gefühle von Angst, Wut und Hilflosigkeit auslösen können – es gibt für diese so folgenschwere Ereignisse keine rationalen, steuerbaren Erklärungsmechanismen, wir haben in diesen Fällen psychologisch nicht die Kontrolle über die Situation. Mit dieser Erkenntnis umgehen zu müssen, stellt für den Menschen ein erhebliches Problem dar.

Ebenso wie in anderen relevanten Situationen streben wir nun auch in Leistungssituationen danach, entsprechende Ursachenzuschreibungen vorzunehmen. Dies gilt für den Athleten selber, es trifft aber in gleichem Maße auch für sein relevantes Umfeld zu, also bspw. auf Trainer, Eltern und Funktionäre.

Die vorgenommenen Ursachenzuschreibungen bieten dann hinreichende Erklärungen für das Verhalten des Sportlers in einer konkreten Leistungssituation. Vereinfachend lassen sich dabei zwei grundlegende Formen von Ursachenzuschreibungen differenzieren:

1. *zeitlich stabile versus zeitlich variable Ursachenzuschreibungen*

Ursachenzuschreibungen lassen sich danach unterscheiden, ob sie nur für diese einzelne Leistungssituation zutreffen (*zeitlich variabel*) oder ob ein grundsätzlicher, *zeitlich stabiler* Faktor als für das Leistungsverhalten verantwortlich betrachtet wird.

- Typisches Beispiel für zeitlich variable Ursachenzuschreibungen: „Ich habe eine schlechte Runde gespielt, weil ich nach meiner Verletzung erst seit zwei Wochen wieder im Training bin." Diese Erklärung für die unbefriedigende Leistung wird schon bald nicht mehr gelten können, sie ist somit zeitlich variabel.

◈ Typisches Beispiel für zeitlich stabile Ursachenzuschreibungen: „Ich habe gewonnen, weil ich mental so stark bin." Diese Erklärung für den Sieg resultiert aus einem angenommenen grundsätzlichen Persönlichkeitsmerkmal des Athleten (nämlich seiner mentalen Stärke), sie ist somit zeitlich stabil.

2. internale versus externale Ursachenzuschreibungen

Ursachenzuschreibungen lassen sich ferner danach unterscheiden, ob sie auf die Person bezogen sind (*internal*) oder aber auf äußere, von der Person unabhängige Umstände (*external*).

◈ Typisches Beispiel für internale Ursachenzuschreibungen: „Ich habe eine schlechte Runde gespielt, weil ich mich nicht an meine Spielstrategie gehalten habe." Diese Erklärung für die Niederlage macht die eigene Person (bzw. deren Taktik) verantwortlich, es handelt sich also um eine internale Zuschreibung.

◈ Typisches Beispiel für externale Ursachenzuschreibungen: „Ich habe mich gut platzieren können, weil mein Flight mich so toll unterstützt hat." Diese Erklärung macht äußere Umstände, nämlich die Unterstützung des Flights, für das positive Ergebnis verantwortlich, es wird also eine externale Zuschreibung vorgenommen.

Bei diesen Ursachenzuschreibungen müssen wir uns stets vor Augen führen: Entscheidend für das eigene Erleben und Verhalten ist keineswegs, inwieweit das jeweilige Zuschreibungsmuster „richtig" oder „falsch" ist, entscheidend ist, von welchen Ursachen wir jeweils subjektiv überzeugt sind.

Welche Ursachenzuschreibungen nach Leistungssituationen sind nun für die eigene Person aus psychologischer Sicht besonders günstig? Im Falle des erlebten Erfolges sind es logischerweise solche Zuschreibungen, welche die eigene Person als Ursache für den Erfolg verantwortlich machen:

◈ „Ich habe mein Handicap verbessern können, weil ich mich gut auf den Wettkampf vorbereitet habe."
◈ „Ich habe eine gute Runde gespielt, weil ich mich an allen Löchern optimal konzentriert habe."
◈ „Ich habe gewonnen, weil ich ein Erfolgstyp bin.".

Solche Erklärungsmuster sind *selbstwertdienlich*, und sie stärken in der Folge das Selbstvertrauen eines Athleten. Mit Erklärungsmustern dieser Art ist er gut gerüstet für die nächsten anstehenden Leistungssituationen.

Anders verhält es sich mit Ursachenzuschreibungen, die nicht in der eigenen Person gesehen werden:

- „Ich habe mich gut platzieren können, weil das Teilnehmerfeld so schwach besetzt gewesen ist."
- „Ich habe mein Handicap verbessert, weil das Glück heute einfach mal auf meiner Seite gewesen ist."
- „Ich habe gewonnen, weil die Platzbedingungen mir entgegen kamen, während sie wohl für meine Kontrahenten schlecht gewesen sind."

Solche Erklärungsmuster machen erlebten Erfolg sofort wieder zunichte, da sie eben die eigene Person als für den Erfolg irrelevant außen vor lassen und somit nicht selbstwertdienlich sind. Ein bedeutsamer positiver Effekt eines erlebten Erfolges auf künftige Leistungssituationen ist dementsprechend nicht zu erwarten.

ÜBUNG: REFLEXION EIGENER ERKLÄRUNGSMUSTER

- Welche Ihrer Eigenschaften, Fähigkeiten oder Fertigkeiten haben Sie in letzter Zeit als Ursache für einen (sportlichen) Erfolg angenommen?
- Welche äußeren Umstände haben Sie in der letzten Zeit als Ursache für einen (sportlichen) Erfolg angenommen?
- In welchen Situationen suchen Sie die Ursachen eher in Ihren Eigenschaften, Fähigkeiten und Fertigkeiten?
- In welchen Situationen suchen Sie die Ursachen vor allem in äußeren Umständen?

Reflektieren Sie auf Grundlage dieser Überlegungen noch einmal ganz gezielt Ihren Umgang mit Erfolgssituationen. Erkennen Sie bei sich ein bestimmtes Muster? Hilfreich ist sicherlich das Führen eines Tagebuchs über einen gewissen Zeitraum, um auch auf diese Weise näheren Aufschluss über die eigenen Erklärungsmuster zu gewinnen.

Wie stellt sich nun im Gegenzug die Situation dar, wenn der Athlet Misserfolg erlebt? Einleuchtend ist, dass Erklärungsmuster, welche die Ursachen für einen Misserfolg in stabilen Faktoren der eigenen Person sehen, besonders schädigend sind:

- „Ich spiele regelmäßig schlechte Runden oder habe sogar den Cut verfehlt, weil ich einfach immer wieder mental versage."
- „Ich habe mein Handicap nicht verbessern können, weil mein Leistungsvermögen dafür einfach nicht ausreichend ist."
- „Ich habe eine schlechte Runde gespielt, weil ich es grundsätzlich nicht schaffe, meine vorher zurechtgelegte Spielstrategie dann auch im Turnier umzusetzen."

Nicht nur, dass der Athlet den unmittelbar erlebten Misserfolg zu bewältigen hat, diese beispielhaft aufgeführten Erklärungsmuster lassen die Prognose für weitere Leistungssituationen in einem viel zu düsteren Licht erscheinen – im Grunde genommen ist klar, dass er auch zukünftig (zumindest langfristig betrachtet) keinen Erfolg haben wird. Ebenso klar ist, dass solche Erklärungsmuster für das Selbstwertgefühl und das damit verbundene Selbstvertrauen in der Leistungssituation äußerst schädigend sind.

Aus dem Gesagten könnte man nun den Schluss ziehen, dass es vor allem darauf ankommt, eben jene Erklärungsmuster heranzuziehen, welche die eigene Person in ihrem Selbstwertgefühl und dem damit verbundenen Selbstvertrauen nicht schädigen:

- „Ich habe schlecht gespielt, weil es viel zu windig war, um eine gute Runde absolvieren zu können."
- „Ich habe ein gutes Resultat oder den Cut verpasst, weil ich durch eine Erkältung geschwächt war."
- „Ich habe mein Leistungsvermögen nicht abrufen können, weil ich mich vor dem Turnier über das Verhalten meines Trainers sehr geärgert habe."

Solche Erklärungsmuster sind zunächst selbstwertdienlich, da sie die Verantwortlichkeit der eigenen Person für den Misserfolg ausblenden – nicht der Athlet selber ist verantwortlich, sondern vielmehr sind es widrige Umstände, die außerhalb seiner Kontrolle stehen. Aber genau an dieser Stelle liegt auch die Krux derartiger, durchaus beliebter Erklärungsmuster: Sie stehen außerhalb der Kontrolle der eigenen Person. Faktoren, die außerhalb unserer eigenen Kontrolle stehen, sind jedoch von uns nicht zu beeinflussen; jetzt nicht und in zukünftigen Leistungssituationen auch nicht.

Dies bedeutet: Macht ein Athlet Ursachen dieser Art für erlebten Misserfolg aus, so muss er damit rechnen, dass diese Faktoren auch künftig auf sein Leistungsverhalten negativen Einfluss nehmen, ohne dass er aktiv etwas dagegen tun kann. Von daher sind solche Erklärungsmuster zwar *kurzfristig, aber keineswegs langfristig* selbstwertdienlich und auch nicht leistungsfördernd. Sie lassen den Sportler zu einem passiven, reagierenden Objekt auf dem Platz werden, nicht aber zu einem aktiven, selbstbestimmt agierenden Subjekt.

Dieses Ziel vor Augen, liegt die Perspektive für eine leistungsfördernde Ursachenzuschreibung nach erlebtem Misserfolg nahe: Es sind eben diese Faktoren, die zwar in der eigenen Person liegen, die aber zeitlich variabel sind und insofern eben auch aus eigener Kraft beeinflusst werden können:

- „Ich habe eine Verbesserung meines Handicaps verpasst, weil ich mich nicht ausreichend angestrengt habe."
- „Ich habe eine schlechte Runde gespielt, weil ich mich am Abend vor dem Turnier undiszipliniert verhalten habe."
- „Ich habe mein Handicap nicht verbessern können, weil ich mir vor der Runde keine vernünftige taktische Marschroute überlegt habe."

Unmittelbar nach der Leistungssituation ist eine solche Form der kritischen Selbstreflexion sicherlich belastend, sie eröffnet dem Athleten aber die Möglichkeit der Kontrolle über den Umgang mit seinem Leistungsverhalten, weil sie mögliche Wege der Veränderung und damit der Verbesserung aufzeigt.

Selbstverständlich geht es bei der Förderung günstiger Ursachenzuschreibungen nicht darum, weltfremd an den Realitäten vorbeizudenken. So kann eine Niederlage selbstverständlich auch darin begründet sein, dass etwa ein Platz sehr anspruchsvoll oder die Konkurrenz im Turnier schlichtweg spielerisch überlegen gewesen ist. Dieses zu erkennen und anzuerkennen, ist keineswegs schädigend. Aber auch dabei handelt es sich ja nicht zwingend um stabile Faktoren, vielmehr bietet eine solche Analyse die Möglichkeit, eigene Defizite (etwa im technischen oder taktischen Bereich) kritisch zu analysieren, um auf diesem Weg das individuelle Leistungsvermögen zu optimieren.

ÜBUNG: BEOBACHTUNG DES SPIELVERHALTENS

- Bitten Sie Ihren Trainer oder einen Trainingskollegen darum, eine detaillierte Rundenanalyse anzufertigen.
- Schauen Sie sich danach die Aufzeichnungen sorgfältig an. Nehmen Sie sich hierfür ausreichend Zeit und beantworten Sie die folgenden Fragen:
  - In welchen Situationen auf dem Platz waren Sie zufrieden mit Ihrer Leistung?
  - In welchen Situationen haben Sie sich möglicherweise nicht ausreichend angestrengt?
  - Welche Ihrer Verhaltensweisen auf dem Platz waren positiv, welche bewerten Sie als negativ?
  - Was müssen Sie in mentaler Hinsicht verbessern?

Diese Analyse kann Ihnen entscheidend helfen, Ihre Leistung auf dem Golfplatz angemessener zu bewerten und hieraus wichtige Impulse für die weitere Arbeit zu gewinnen. Wiederholen Sie diesen Vorgang regelmäßig und ziehen Sie auch Ihnen wichtige Personen (Trainer, Mannschaftskollegen) in diese Analyse ein, auf diese Weise erhalten Sie neben der Selbsteinschätzung eine zusätzliche Rückmeldung von außen.

Mental starke Spieler unterscheiden sich nun von mental schwachen Spielern darin, welche Ursachen sie für erlebten Erfolg und Misserfolg in Leistungssituationen verantwortlich machen. Zusammenfassend wissen wir aus der Forschung, dass mental starke Spieler *selbstwertdienliche und leistungsfördernde Erklärungen* bevorzugen, mental schwache Spieler in höherem Maße jedoch *selbstwertschädigende und leistungshemmende Erklärungen*.

Dies bedeutet demnach: Internale (eher stabile als variable) Faktoren bei Erfolg sowie internale variable Faktoren bei Misserfolg zeichnen den mental starken Athleten aus. Wenngleich die Annahme externaler Faktoren für Misserfolg zunächst günstig (weil selbstwertdienlich) erscheinen mag, ist sie jedoch mittel- und langfristig keineswegs leistungsfördernd, da ebendiese Faktoren nicht aus eigener Kraft verändert werden können. Solche Zuschreibungsmuster wirken nicht positiv auf die mentale Fitness von Athleten. Externale variable Faktoren bei Erfolg sowie internale stabile Faktoren bei Misserfolg zeichnen den mental schwachen Athleten aus. Der mental starke Athlet sieht eher das halb volle Glas, der mental schwache Athlet sieht eher das halb leere Glas.

Diese Ausführungen lassen erkennen, dass es für die Leistungsentwicklung weniger relevant ist, ob der Athlet „objektiv" Erfolg oder Misserfolg hat, vielmehr ist entscheidend, wie dieser Athlet subjektiv Erfolg oder Misserfolg erlebt und damit umgeht.

Gerade für das Erleben von Erfolg und Misserfolg aufgrund der jeweils gewählten Ursachenzuschreibungen spielt neben dem Athleten zudem das für ihn relevante soziale Umfeld eine wesentliche Rolle – denn auch Trainer, Eltern, Freunde und Funktionäre suchen nach Erklärungen für das gezeigte Leistungsverhalten des Athleten.

In dieser Hinsicht ist nun nicht selten zu beobachten, dass das Umfeld dem Athleten direkt oder indirekt, beabsichtigt oder unabsichtlich, Erklärungsmuster anbietet, die Prozesse mentaler Schwächen weiter begünstigen:

- „Er hat mal wieder seine Führung nicht nutzen können.“ — *Übersetzung:* Er hat das Turnier verloren, weil er mental grundsätzlich zu schwach ist.

- „Gegen diese Konkurrenz durfte man auch nicht verlieren.“ — *Übersetzung:* Er hat gewonnen, weil die Gegner zu schwach waren.

- „Es hat einfach keinen Sinn mit ihm.“ — *Übersetzung:* Er hat schlecht gespielt, weil sein Leistungsvermögen eben nicht ausreichend ist.

Halten wir fest, dass selbstverständlich kein Athlet dazu „verdammt“ ist, sich das eine oder andere Zuschreibungsmuster anzueignen. Jeder Athlet lernt im Laufe seiner Entwicklungsgeschichte ganz spezifische Zuschreibungsmuster und übernimmt sie von relevanten Personen. Die auf diese Weise erworbenen Muster können dann von außen entsprechend verstärkt werden. Im Umgang mit Athleten sollte man von daher stets berücksichtigen, dass diese sehr sensibel gegenüber Erklärungsmustern von außen sind. Bereits unausgesprochene kleine Andeutungen können den ohnehin schon aktivierten problematischen Prozess beim Athleten zusätzlich negativen verstärken.

Andererseits kann aber das *relevante Umfeld* mit seinen *Erklärungsmustern* auch dazu beitragen, einen solchen Kreislauf aufzubrechen und beim Athleten solche Muster zu fördern, die einen positiven Prozess in Gang setzen und seine mentale Stärke langfristig fördern.

Gleiches gilt natürlich vor allem auch für den Athleten selber. Führen wir uns diesen Prozess klar vor Augen und machen wir uns bewusst, wie wir selber mit unserer Art und Weise des Denkens destruktiven Einfluss auf das eigene Leistungsvermögen und damit auf unsere Leistungsentwicklung nehmen: Die Bewusstmachung dieses Prozesses ist der Ausgangspunkt dafür, künftig durch eine Veränderung des Denkens konstruktiv Einfluss auf das eigene Leistungsverhalten zu nehmen und es auf diese Weise langfristig zu stärken. Machen wir uns also nicht zum automatisierten „Sklaven" unserer verfestigten kognitiven Strukturen, sondern nutzen wir vielmehr unser Potenzial zur Stärkung des eigenen Wohlbefindens und Leistungsvermögens. Voraussetzung hierfür ist, dass wir unsere Denkstrukturen zu kontrollieren lernen und auch gewillt sind, uns wirklich damit auseinanderzusetzen und an den identifizierten Schwachpunkten zu arbeiten. Das heißt konkret: Kontrollieren wir uns künftig, welche Erklärungskonzepte wir in der nachfolgenden Bewertung von Leistungssituationen verwenden und versuchen wir auf diesem Weg, mental schädigende durch mental förderliche Erklärungskonzepte zu ersetzen.

An alle Leser, die in einer Beratungs- oder Betreuungsfunktion tätig sind (bspw. als Elternteil oder als Trainer), sei folgender Hinweis erlaubt: Nutzen Sie das Gelesene auch im Umgang mit den Ihnen anvertrauten Athleten. Diese anfänglich mühsame, kleinschrittige Arbeit zahlt sich im Endeffekt aus, weil hierdurch in der Gesamtperspektive eine Persönlichkeitsstruktur gefördert wird, die sportlichen Leistungssituationen auf einem hohen mentalen Niveau und mit deutlich mehr Freude am Sport begegnen wird.

Im Vergleich zu der eben erörterten Situation im Turnierverlauf (sehr günstige Ausgangssituation vor den letzten Löchern auf einer Turnierrunde) kann die umgekehrte Situation (also eine ungünstige Ausgangssituation vor den letzten Löchern) oftmals gerade bei mental schwachen Athleten zu einer temporären Leistungssteigerung führen – paradoxerweise kann nämlich in dieser Situation der faktische Nachteil im Vergleich zur Konkurrenz zum psychologischen Vorteil werden: Der Athlet hat nichts mehr zu verlieren, er steht quasi mit dem „Rücken an der Wand" und kann von daher befreit aufspielen, so dass sich ihn bislang hemmende Blockaden auflösen. Dieses Platzverhalten wird dann von außen oftmals als besondere mentale Stärke wahrgenommen, obwohl ja leider genau das Gegenteil der Fall ist. Wie aber bereits ausgeführt, sind hieraus keine langfristig förderlichen Wirkungen zu erwarten, weil sich die Situation spätestens dann wieder ins Gegenteil verkehren wird, wenn nach einigen guten Schlägen der Druck auf den Athleten erneut ansteigen wird.

Auseinandersetzung mit der Situation: „letzte Schläge"

Generell gilt: Die wesentliche mentale Arbeit setzt an der grundsätzlichen psychischen Stärke des Spielers an, also an dessen Erleben von Herausforderung oder Bedrohung in der konkreten Leistungssituation. Vor diesem Hintergrund folgen nun einige Hilfestellungen für den Umgang mit der geschilderten Situation. Machen Sie sich die beschriebenen psychologischen Vorgänge bewusst – dies ist der Beginn für eine Veränderung!

→ Setzen Sie aufkommenden negativen Gedanken bewusst positive Gedanken entgegen!

Versuchen Sie nicht, sich gegen aufkommende negative Gedanken zu wehren oder diese zu verdrängen. Entscheidend ist, dass Sie sofort positive Gedanken dagegen setzen, etwa „Ich spiele ruhig Schlag für Schlag" oder „Ich werde positiv Schlag ausführen".

→ Vermeiden Sie jegliche Hektik, lassen Sie sich in besonderer Weise Zeit zwischen den zwischen den einzelnen Schlägen, sammeln Sie vor jedem Schlag Ihre Konzentration und achten Sie auf eine sehr gute Körperspannung!

Auf diese Weise können Sie typischen Erscheinungsformen aufkommender körperlicher Verkrampfung effektiv entgegenwirken.

→ Machen Sie sich klar, dass sich Ihre Kontrahenten in der gleichen Situation befinden wie Sie selber!

Dies ist ein Umstand, den wir in unserer „kleinen Gedankenwelt" häufig völlig aus den Augen verlieren, der aber sehr wichtig ist – nicht nur für Sie ist es eine schwierige Situation, sondern eben auch für Ihre potenziellen Gegner. Gehen Sie davon aus, dass Sie mit dieser Situation mindestens genauso gut zurechtkommen wie die anderen.

→ Egal, wie effektiv Sie die letzten Schläge in der konkreten Situation tatsächlich spielen – trauern Sie keineswegs verlorenen Chancen hinterher, sondern gehen Sie (falls erforderlich) positiv und kämpferisch an die Bewältigung der nächsten Aufgaben auf dem Platz!

4.2.3 Schläge aus bedrohlichen Lagen

Jeder Golfspieler hat auf dem Platz seine Lieblingsschläge. Andere, unangenehme Schläge wiederum werden schnell als bedrohliche Situationen wahrgenommen. Welche das sind, ist individuell sehr unterschiedlich, entscheidend dafür sind die persönlichen Stärken und Schwächen eines Spielers und die damit verbundenen positiven oder negativen Erfahrungen, die er in der Vergangenheit mit der Bewältigung dieser Situationen gesammelt hat. Manch einer fürchtet vor allem den ersten Abschlag am Loch, welcher die Voraussetzung für ein Ge- oder Misslingen darstellt, viele haben hohen

Respekt vor dem Putten, andere hingegen tun sich bei den Annäherungsschlägen auffallend schwer. Neben diesen Standardschlägen können es spezifische Situationen aus dem Spielverlauf heraus sein, welche den Spieler vor Probleme stellen, etwa dann, wenn der Ball sich im Bunker befindet oder ein Wasserhindernis überwunden werden muss.

Ganz gleich, welche Anforderung im konkreten Fall besteht, entscheidend ist jeweils, mit welchen gedanklichen Assoziationen diese verbunden wird:

→ Variante 1: Es ist eine anspruchsvolle Situation, mit der ich mich aktiv auseinandersetze. Die Situation stellt für mich eine *Herausforderung* dar.

→ Variante 2: Es ist eine anspruchsvolle Situation, die ich am liebsten vermeiden möchte, mit der ich mich aber zwangsläufig auseinandersetzen muss. Die Situation stellt für mich eine *Bedrohung* dar.

Die Verarbeitung der Ausgangslage im Kopf spielt also eine ganz zentrale Rolle: Während der Spieler im Falle der Herausforderung die Anforderung annimmt und diese möglichst gut zu bewältigen sucht, dominiert im Falle der Bedrohung das passive, vermeidende Element. Dementsprechend sind Versagensängste im zweiten Fall wesentlich häufiger gegeben und führen zu einer zusätzlichen Belastung auf dem Platz. Hat der Spieler nun ohnehin mentale Schwächen im eigenen Spiel, mit denen er sich während eines Turniers auseinandersetzen muss, treten diese nun in besonders bedrohlichen Situationen verstärkt auf (also bspw. Verkrampfungen beim Schlagen, Gefühle der Unsicherheit, grundsätzliche Versagensangst, unspezifisches Unwohlsein).

Selbstverständlich sind wir nicht in der Lage, oben beschriebene Gedanken einfach auszuschalten. Wir können allerdings ganz aktiv dagegen vorgehen, indem wir uns bemühen, der aufkommenden passiven, vermeidenden Verhaltensstrategie eine aktive, nach vorne gerichtete Strategie entgegenzustellen. Wie aus den bisherigen Ausführungen bereits deutlich geworden sein sollte, benötigt ein solcher Prozess kontinuierliche Übung, bei der wir keinen allzu schnellen Fortschritt erwarten dürfen. Aber über die Zeit, über viele Versuche der Umstrukturierung unserer Gedankenwelt auf dem Platz im Training und in der Turniersituation werden wir bemerken, wie dieses Bemühen mit immer mehr Erfolgserlebnissen belohnt wird. Entscheidend ist, dass wir uns nicht zum Opfer unseres aufkommenden negativen Erlebens machen, sondern durch eigene Initiative die Kontrolle über die bedrohliche Situation wieder herzustellen versuchen.

ÜBUNG: BESINNUNG AUF DIE EIGENEN STÄRKEN

Versuchen Sie einmal, auf Grundlage Ihrer bisherigen Erfahrungen auf dem Platz sowohl im Turnier als auch im Training eine persönliche Hierarchie Ihrer stärksten Schläge zusammenzustellen. Die folgenden beispielhaften Fragen können Ihnen dabei helfen:

- Welche Schläge spielen Sie mit dem größten Erfolg, bei welchen Schlägen tun Sie sich etwas schwerer?
- Welche Situationen auf dem Platz bewältigen Sie meist ohne große Mühe, mit welchen Situationen haben Sie mitunter Probleme?
- Aus welchen Positionen gelingen Ihnen oftmals besonders gute Schläge, aus welchen Positionen klappt es nicht immer so gut?
- Auf der Grundlage Ihrer persönlichen Hierarchie ist für die Aktivierung positiven Erlebens sehr wichtig, dass Sie sich gerade auch Ihre Stärken und die damit verbundenen Gedanken und Emotionen in Erinnerung rufen. Diese können dann leichter auf die schwierigen Situationen übertragen werden. Versuchen Sie also, gerade im Zuge erlebter Bedrohung das Gelingen ganz bewusst in den Fokus Ihrer Aufmerksamkeit zu bringen. Auf diese Weise werden Sie sich in wichtigen Situationen auf die eigenen Stärken zu besinnen lernen und auch herausfordernde Situationen auf dem Platz besser bewältigen können.

Auseinandersetzung mit der Situation: „Schläge aus bedrohlichen Lagen"

Generell gilt: Die wesentliche mentale Arbeit setzt an der grundsätzlichen psychischen Stärke des Spielers an, also an dessen Erleben von Herausforderung oder Bedrohung in der konkreten Leistungssituation. Vor diesem Hintergrund folgen nun einige Hilfestellungen für den Umgang mit der geschilderten Situation. Machen Sie sich die beschriebenen psychologischen Vorgänge bewusst – dies ist der Beginn für eine Veränderung!

→ Setzen Sie aufkommenden negativen Gedanken bewusst positive Gedanken entgegen!

Versuchen Sie nicht, sich gegen aufkommende negative Gedanken zu wehren oder diese zu verdrängen. Entscheidend ist, dass Sie sofort positive Gedanken dagegen setzen, etwa „Ich spiele ruhig Schlag für Schlag" oder „Ich werde positiv den Schlag ausführen".

→ Vermeiden Sie jegliche Hektik, lassen Sie sich in besonderer Weise Zeit zwischen den zwischen den einzelnen Schlägen, sammeln Sie vor jedem Schlag Ihre Konzentration und achten Sie auf eine sehr gute Körperspannung!

Auf diese Weise können Sie typischen Erscheinungsformen aufkommender körperlicher Verkrampfung effektiv entgegenwirken.

→ Machen Sie sich klar, dass sich Ihre Kontrahenten in der gleichen Situation befinden wie Sie selber!
Dies ist ein Umstand, den wir in unserer „kleinen Gedankenwelt" häufig völlig aus den Augen verlieren, der aber sehr wichtig ist – nicht nur für Sie ist es eine schwierige Situation, sondern eben auch für Ihre potenziellen Gegner. Gehen Sie davon aus, dass Sie mit dieser Situation mindestens genauso gut zurechtkommen wie diese.

→ Egal, wie effektiv Sie mit dem Bedrohungscharakter in der konkreten Situation tatsächlich umgehen – trauern Sie keineswegs verlorenen Chancen hinterher, sondern gehen Sie positiv und kämpferisch an die Bewältigung der nächsten Aufgaben auf den Platz!

4.2.4 Genutzte Chancen, vergebene Möglichkeiten

Nicht selten hört man in der Nachbesprechung einer Turnierrunde, dass diese letztendlich durch einige wichtige Schläge entschieden worden ist – mal zu Gunsten, mal zu Ungunsten des jeweiligen Spielers.

Führen wir uns die Ausgangslage für die einzelnen Spieler noch einmal vor Augen: Jede Turnierrunde ist ein langer, manchmal beschwerlicher Weg. 18 Löcher gilt es zu bewältigen, jedes Loch mit einer Vorgabe von drei, vier oder fünf Schlägen. Soweit die Theorie. In der Praxis ergeben sich aus dieser Ausgangslage je nach individueller Spielstärke über den gesamten Verlauf eine Reihe von Möglichkeiten, sich einen Vorteil für die weitere Runde zu erspielen oder aber durch schlechtes Spiel einen Nachteil in Kauf nehmen zu müssen, den es in der Folge möglichst wettzumachen gilt.

Über den Verlauf einer Runde sind es also die vielen engen Situationen beim Spiel der einzelnen Löcher, die dann im Gesamtergebnis den entscheidenden Unterschied in der Bewertung und im Vergleich der Konkurrenz zueinander ausmachen. Es sind also die genutzten Chancen und die vergebenen Möglichkeiten, denen wir uns stellen müssen. Eine sorgsame Analyse der Statistik (gerade auch im Zuge der zeitlichen Erstreckung bei diversen Trainings- und Turnierrunden) gibt uns einen guten Aufschluss darüber, welche Probleme (und welche Fortschritte) sich in dieser Hinsicht für den jeweiligen Spieler ergeben.

Eine dem eigenen Handicap entsprechende Leistung beim Spielen eines Loches stellt dabei die „Pflicht" dar, eine darüber hinausgehende Leistung quasi die „Kür". In diesem Bild bleibend lassen sich zwei prototypische Konstellationen mentaler Herausforderung unterscheiden:

- *der Spieler hat sich an einem Loch die Möglichkeit der Verbesserung erarbeitet*
  moderate mentale Belastung, weil das Scheitern zwar zum eigenen Nachteil führt, der „Spielplan" aber im erwarteten Rahmen bleibt

- *der Spieler sieht sich an einem Loch mit der Möglichkeit der Verschlechterung konfrontiert*
  hohe mentale Belastung, weil das Scheitern den weiteren Spielverlauf zu den eigenen Ungunsten beeinflusst und der „Spielplan" zu kippen droht

Ungeachtet dieses prototypischen Phänomens werden je nach individuellen Stärken und Schwächen selbstverständlich die sich bietenden Chancen der Verbesserung und die Gefahren der Verschlechterung sowie deren Implikationen für den weiteren Verlauf der Runde unterschiedlich stark gewichtet. Manch vergebene Möglichkeit wiegt also schwerer, mancher Fehltritt ist folgenreicher. In der Gesamtsicht unterscheiden sich jedoch mental starke Athleten von mental schwachen Athleten dadurch, wie souverän und konsequent sie einerseits die sich ihnen bietenden Chancen nutzen und gleichzeitig auftretende Gefahren abwehren.

Die Ursachen hierfür sind gleichermaßen einfach, aber in ihrer Wirkung durchschlagend:

- Jeder Athlet blickt in seiner Vergangenheit als Golfspieler auf eine unglaubliche Vielzahl diesbezüglicher Situationen zurück. Er hat gelernt, ob er in diesen Situationen eher erfolgreich ist oder aber eben nicht.

- Wie bereits angesprochen, führt das Lernen von Erfolg für ebendiese Situationen in der Vergangenheit dazu, dass das konkrete Ereignis als herausfordernd und nicht als bedrohlich wahrgenommen wird; es wird ein entsprechend positives, konstruktives Drehbuch aktiviert.

- Das Lernen von Misserfolg für ebendiese Situationen in der Vergangenheit führt hingegen dazu, dass das konkrete Ereignis als bedrohlich und nicht als herausfordernd wahrgenommen wird; die Aktivierung eines entsprechend negativen, destruktiven Drehbuchs ist die Folge.

- Das Erleben von Erfolg oder Misserfolg führt zur Bestätigung des eigenen Selbstbildes und ist mit entsprechenden Ursachenzuschreibungen verbunden:
  → „Ich weiß, dass ich solchen wichtigen Situationen gewappnet bin."
  → „Logisch, dass ich wieder einmal meine Chancen nicht genutzt habe."

- Weil bei mental schwachen Athleten negative Ereignisse viel stärker gewichtet werden als gegenläufige positive Erfahrungen, „brennt" sich ein solcher Schwachpunkt in hohem Maße in die Denk- und Erlebensstruktur eines Athleten ein.

Aus der sportpsychologischen Beratung ist bekannt, dass derartige Fokussierungen auf einzelne Schwachpunkte ein Kernproblem der mentalen Belastung darstellen können. Im beschriebenen Fall wiegt dies besonders schwer: Der Athlet weiß nämlich, dass diese bedrohlichen Situationen – zumindest in der Negativvariante, also der Möglichkeit, sich zu verschlechtern – gehäuft (!) im Laufe einer Runde auftreten werden, er weiß, dass er dafür kein Erfolg versprechendes Rezept hat, er weiß also, dass er scheitern wird. Somit ist der klassische Fall einer sich-selbst-erfüllenden Prophezeiung gegeben. Aus der externen Beobachtung ist dann nicht selten zu erkennen, dass der Athlet in seinem destruktiven Bemühen, mit dem vorhandenen Druck umzugehen, in solchen Situationen von seiner bisherigen spielerischen und/ oder taktischen Linie abweicht; er spielt bspw. zu vorsichtig oder eben zu aggressiv, er versucht „Zauberschläge" usw.

Exkurs: Sich-selbst-erfüllende Prophezeiungen

Sich-selbst-erfüllende Prophezeiungen beschreiben ein Phänomen, bei dem „eine Überzeugung eine entsprechende Realität hervorbringt" (Jonas, Stroebe & Hewstone, 2007, S. 341). Also: Aufgrund einer solchen Überzeugung beeinflussen wir selber unser Verhalten in der Art und Weise so, dass sich die Überzeugung mit höherer Wahrscheinlichkeit bewahrheiten wird.

Ein konkretes Beispiel aus dem Alltag zur Verdeutlichung: Die Angst vor Stürzen führt bei Senioren zu einer erhöhten muskulären Anspannung, die in der Folge dann faktisch zu mehr Stürzen bei diesen älteren Menschen führt.

Häufig stößt man auf das Phänomen der sich-selbst-erfüllenden Prophezeiung auch in Bildungszusammenhängen (Woolfolk, 2008). Rosenthal & Jacobson führten hierzu bereits 1968 ein Experiment durch, das sehr großes Aufsehen erregt hat und entsprechend bekannt geworden ist: An zwei amerikanischen Grundschulen wurden Lehrer davon überzeugt, dass einige der ihnen anvertrauten Schüler in nächster Zeit einen Entwicklungsschub dergestalt erleben würden, dass sich deren Intelligenz deutlich steigere. Tatsächlich wurde diese Gruppe der Kinder rein zufällig nach dem Losverfahren ermittelt. Dennoch verbesserten sich die Kinder, von denen nun gute Fortschritte erwartet wurden, tatsächlich deutlicher als die restlichen Schüler. Die Forscher nahmen als Erklärung für diesen Effekt an, dass die Lehrer die „aufblühenden Schüler" (zumindest unbewusst) stärker förderten, ihnen also mehr

---

Exkurs: Sich-selbst-erfüllende Prophezeiungen

Aufmerksamkeit schenkten, sie mit entsprechenden Aufgaben besonders motivierten usw. Auf diese Weise kamen wohl die Unterschiede in der Leistungssteigerung zustande. Zusätzlich wirkte sicherlich auch die Tatsache, dass die Schüler selber registrierten, wie sie gegenüber ihren Mitschülern bevorzugter seitens der Lehrer behandelt wurden (wodurch sich ebenfalls eine Steigerung an Engagement und auch Verantwortung gegenüber den Lehrern bei den Schülern erzielen ließ).

Sich-selbst-erfüllende Prophezeiungen treten auch in anderen Kontexten auf, so eben im Bereich des Sports. Hierzu noch ein typisches Beispiel zur Veranschaulichung: Nimmt ein Spieler bei sich eine Abschlagschwäche wahr und denkt darüber in einer besonders kritischen Situation während der Turnierrunde nach, dann erhöht sich aufgrund zu großer Anspannung (zwangsläufig) die Wahrscheinlichkeit, einen schlechten Schlag tatsächlich auch zu produzieren. Dieses Beispiel lässt noch einmal klar erkennen, wie wichtig es ist, im Spielgeschehen die eigene Aufmerksamkeit auf die positiven Komponenten zu lenken und hieraus dann Motivation und Selbstvertrauen für das eigene Verhalten auf dem Platz zu ziehen.

Einen Spezialfall in diesem Zusammenhang stellt nachfolgende Situation dar: Der Athlet erarbeitet sich an einem Loch die Option der Verbesserung, die er dann jedoch in Ermangelung guter Schläge schließlich doch nicht nutzen kann. Es lässt sich immer wieder beobachten, wie nunmehr die Wahrscheinlichkeit steigt, dass der Spieler das nächste Loch nicht gut spielt, er also unter seinen Möglichkeiten bleibt. Ursache hierfür ist das Zusammenwirken zweier Faktoren: Zum einen besteht die Gefahr, dass der Athlet nach einer solchen mental anstrengenden (und schließlich auch belastenden) Situation in ein kurzfristiges Konzentrationsloch fällt, auf der anderen Seite wirkt häufig noch die Frustration über die vergebene Chance nach.

An dieser Stelle hilft das *Wissen um einen solchen Effekt* schon weiter, um den skizzierten negativen Auswirkungen entgegen zu wirken. Der Athlet muss sich folglich vor dem Spiel des folgenden Lochs wieder gedanklich in die „positive Spur" bringen, er muss die Zeit bis dahin für eine entsprechend effektive Vorbereitung ausreichend nutzen, um Konzentration und positive Haltung aufzubauen – vor allem muss er sich bewusst machen, dass er zwar eine Chance vergeben hat, dass er aber nicht wirklich in einen entscheidenden Nachteil geraten ist, er kann insofern entsprechend aktiv und kämpferisch den weiteren Spielverlauf angehen.

ÜBUNG: STEIGERUNG DER KONZENTRATION

Die Fähigkeit, sich in einem entscheidenden Moment auf eine konkrete Aufgabe, etwa den finalen Put am Ende eines Loches oder einer Turnierrunde, in besonderem Maße zu konzentrieren und irrelevante Dinge (vor allem negative Gedanken) auszublenden, kann trainiert werden. Dies gilt auch für die Fähigkeit, über einen langen Zeitraum ein ausreichend hohes Konzentrationslevel zu halten. Folgende Übungen lassen sich bspw. hierfür ins Golftraining integrieren:

- Zählen Sie beim Joggen, an einem speziellen Loch o.ä. alle Schritte, die Sie gemacht haben. Wenn Sie sich verzählt haben, beginnen Sie von vorne. Zu einfach? Sie können auch nur jeden zweiten, dritten oder vierten Schritt zählen.
- Üben Sie das Putten unter erschwerten Umständen: Ihr Trainer/Trainingspartner hat dabei die Aufgabe, Sie verschiedentlich (ggf. wettkampfrelevant, also bspw. durch Applaus) abzulenken. Sie konzentrieren sich hingegen ausschließlich auf Ihren Schlag. Wiederholen Sie denselben Schlag ruhig mehrfach, bevor Sie die Übung dann ggf. mit zusätzlichen Schlägen erweitern.

Diese Übungen lassen sich auch abseits der Trainingssituation, also etwa zu Hause, unterwegs oder im Hotel durchführen:

- Wenn Sie einen längeren Text lesen, können Sie sich vornehmen, ausschließlich einen bestimmten Buchstaben, etwa das „e", zu suchen und zu zählen. Sollte Ihnen das zu Anfang schwer fallen, nehmen Sie einen Stift zu Hilfe. Später sollte es Ihnen gelingen, auch ohne Stift und nur mit den Augen die Anzahl zu bestimmen.
- Zählen Sie, während Sie den Sekundenzeiger einer Uhr betrachten, im Dreisekundenrhythmus von 300 in Dreierschritten rückwärts. Zur Steigerung wählen Sie ein kürzeres Zeitintervall oder größere Schritte (bspw. Siebener- oder Neunersprünge).

Auch auf anderer Ebene wird die vergleichsweise viel höhere Bedeutung erfahrener negativer Ereignisse gegenüber positiven Ereignissen bei mental schwachen Athleten offensichtlich: Selbst wenn ein Athlet bislang mit solchen Situationen keine besonderen Probleme gehabt hat (also diesbezüglich nicht über eine negative Lernvergangenheit verfügt), können bereits wenige negative Erfahrungen in kritischen Situationen (so etwa bei einem für den Athleten besonders wichtigen vorgaberelevanten Turnier) dazu führen, dass sich bei ihm der Gedanke festsetzt, besondere Probleme mit diesen Situationen zu haben. Gelingt es dem Athleten in der Folge nicht, dieser wachsenden Belastung relativ schnell entgegenzuwirken, kann aus einem temporären nicht selten ein dauerhaftes Problem werden, nämlich ein durchgängiger Schwachpunkt in seinem Leistungsvermögen.

Das sagen die Pros

„Nach jedem Spiel habe ich Probleme einzuschlafen, nach wichtigen erst recht. Da geht einem viel durch den Kopf. Der misslungene Freiwurf, das ganze Spiel, die vielen verpassten Chancen. Das Nachdenken gehört zum Sport, aber dazu gehört auch, solche Spiele zu verkraften."

(Dirk Nowitzki, Basketballspieler, zit. n. Gilbert, 2007, o.S.)

Exkurs: Umgang mit negativen Gedanken

Wie bereits deutlich geworden ist, muss gerade auch für den Umgang mit auftretenden Chancen und Gefahren während einer Turnierrunde die entscheidende sportpsychologische Arbeit an den diesbezüglichen Denkmustern eines Athleten ansetzen, diese sind stets mit einem entsprechenden emotionalen Erleben verbunden. Die Bedeutung dieser Arbeit wird von vielen aktiven Athleten immer wieder in diesbezüglichen Stellungnahmen beschrieben. Daher noch einmal der Hinweis für das Handling dieser Anforderung:

Ein grundlegendes und von den Athleten zu Recht angemerktes Dilemma besteht zunächst darin, dass sie negative Gedanken ja nicht einfach ausblenden können, schon gar nicht liegt es in ihrer Macht, deren Auftreten grundsätzlich zu verhindern. Die typische Frage in diesem Zusammenhang lautet daher: Wie kann ich als Athlet denn meine negativen Gedanken verdrängen?

Die klare Antwort darauf lautet: Gar nicht! Davon abgesehen kann eine Verdrängung negativer Gedanken sicherlich keine Lösung der problematischen Situation sein. Verdrängen bedeutet ja schließlich, dass wir uns nicht wirklich mit der kritischen Situation als solche auseinandersetzen – und zwar in der Überzeugung, dieser Bedrohung nichts Effektives entgegensetzen zu können.

Als Athleten müssen wir von daher lernen, diese passive, negative Haltung aufzugeben und vielmehr zu einer *aktiven, positiven Haltung* zu gelangen. Hierbei besteht die Grundidee in dem Lernprozess, als negativ ausgemachte Elemente der eigenen Denkstruktur schrittweise durch positive Elemente zu ersetzen – also eine Veränderung der Bestandteile der eigenen Denkstruktur vorzunehmen, die sich destruktiv auf die Person auswirken. Dieser Prozess wird in der Psychologie *kognitive Umstrukturierung* genannt und ist eine Vorgehensweise, die auch in der psychotherapeutischen Arbeit vielfach erfolgreich eingesetzt wird.

Der Lernprozess ist also darauf ausgerichtet, *positive Gedanken* diesen negativen Gedanken entgegenzusetzen, sobald solche negativen Gedanken registriert werden. Als Athleten müssen wir also durchaus akzeptieren, dass negative Gedanken auftreten können – allein diese Form der Akzeptanz nimmt den negativen Gedanken schon ein erhebliches Maß ihrer Bedrohung. Die Einstellung, diese negativen Gedanken in der Folge durch das aktive In-Gang-Setzen positiver Gedanken bekämpfen zu können, stellt eine wirksame Bewältigungsstrategie dar, welche den Bedrohungscharakter noch weiter reduziert.

Exkurs: Umgang mit negativen Gedanken

Hierzu ein typisches Beispiel aus dem Alltag: Viele Menschen haben Angst, vor anderen Menschen zu erröten. Da es sich beim Erröten (ähnlich wie bei dem Auftreten negativer Gedanken) um einen Vorgang handelt, der von der eigenen Person nicht willentlich beeinflusst werden, in der Folge jedoch ein hohes Maß an Scham und Peinlichkeit auslösen kann, ist die erlebte Bedrohung in Form eines potenziellen Eintretens einer solchen Situation relativ hoch.

Analog zu der Situation des Golfspielers, der sich mit negativen Gedanken auf dem Platz „quält", muss eine solche Person lernen, das Erröten in öffentlichen Situationen zu akzeptieren. Ein geeignetes Hilfsmittel ist in diesem Zusammenhang das direkte Ansprechen des eigenen Problems vor den Anderen: „Häufig erröte ich ohne Grund vor anderen Menschen, was mir äußerst unangenehm ist. Ich kann dies aber nicht beeinflussen."

Eine solche Vorgehensweise nimmt der Situation ihre bedrohliche Komponente mit dem Effekt, dass das Eintreten des unangenehmen Errötens mit hoher Wahrscheinlichkeit gar nicht passieren wird – und wenn es dann doch passiert, fällt die Peinlichkeit für die Person aufgrund der vorausgegangenen Kommunikation hierüber erheblich geringer aus.

Entscheidend bei diesem Prozess ist jedoch die kontinuierliche, disziplinierte Arbeit an der kognitiven Umstrukturierung. Da sich solche Denkmuster in der Regel über viele Jahre aufgebaut und entwickelt haben, kann man diese nicht einfach in einigen Tagen oder Wochen „austauschen" wie die Batterie bei einer Taschenlampe – Disziplin und Geduld des Athleten, verbunden mit der positiven Überzeugung, mental auf dem richtigen Weg zu sein, bilden in dieser Hinsicht die Eckpfeiler des Erfolges.

Im Folgenden sind zur Veranschaulichung einige Beispiele kognitiver Umstrukturierung dargestellt.

negativer Gedanke	positiver Gedanke
Ich werde die Möglichkeit zum Birdie wieder einmal nicht nutzen.	Konzentriere dich auf das Putten und ziehe den Schlag konsequent durch.
Bei vermeintlich leichten Löchern habe ich immer Schwierigkeiten.	Du weißt, was du taktisch und spielerisch zu tun hast. Gib alles, was möglich ist und halte dich konsequent an deine Marschroute.
Warum kann ich die letzten Löcher nicht ausnahmsweise einmal vernünftig spielen?	Spiele Schlag für Schlag, ändere deine Taktik nicht grundlos und versuche, das Beste aus der Situation zu machen.
Hoffentlich kann ich jetzt mit dem nächsten Loch „den Sack zu machen".	Lass dir vor jedem Schlag ausreichend Zeit und spiele ganz bewusst Schlag für Schlag.

negativer Gedanke	positiver Gedanke
Exkurs: Umgang mit negativen Gedanken	
Heute ist mal wieder ein rabenschwarzer Tag.	Das nächste Loch ist das wichtigste, konzentriere dich auf die einzelnen Schläge und fighte dich in die Turnierrunde.

Dieses sind prototypische Beispiele, bei jedem Athleten werden diese ganz individuell sein, die grundlegende Richtung ist jedoch stets dieselbe – der Fokus der anzustrebenden positiven Gedanken liegt ausschließlich auf den Faktoren, die wir als Athleten selber unter unserer Kontrolle haben. Dies mag sich bei einer solchen tabellarischen Auflistung vielleicht für den einen oder anderen Leser ein wenig „zu simpel" anhören, mancher mag eine durchschlagende Wirkung solcher „schlichten" Arbeitsanweisungen wahrscheinlich auch anzweifeln. Aber der Erfolg gibt dieser Methode Recht, die Ergebnisse der sportpsychologischen Arbeit sprechen nämlich eine eindeutige Sprache: Wem es gelingt, konsequent und langfristig negative Denkmuster außerhalb der eigenen Kontrolle durch positive Denkmuster innerhalb der eigenen Kontrolle zu ersetzen, der wird immer weniger Situationen im Zuge einer Turnierrunde als bedrohlich erleben und von daher über die Zeit eindeutig an mentaler Stärke gewinnen. Nicht spektakuläre Verfahren, sondern solide Arbeit führen auch im Hinblick auf die mentale Fitness des Menschen zu dauerhaften Erfolgen.

Das sagt die Wissenschaft

„Nach wie vor ist eine klare Trennung von klinischer Psychologie und Sportpsychologie aufrecht zu erhalten. Sportpsychologen therapieren nicht, sondern unterstützen Athleten, Mannschaften und Trainer dabei, ihr Training und den Abruf des jeweiligen Leistungspotenzials im Wettkampf zu optimieren."

(Beckmann & Elbe, 2011, S. 13f.)

ÜBUNG: GEDANKEN-CHECK

- Versuchen Sie einmal im Sinne der oben beschriebenen kognitiven Umstrukturierung, einen negativen Gedanken, der Ihnen sehr häufig durch den Kopf geht, durch einen positiven, konstruktiven Gedanken zu ersetzen.
- Sollte Ihnen das schwer fallen, können Sie einmal überlegen, was Sie einem anderen Spieler in einer vergleichbaren Situation zurufen würden.
- Nehmen Sie dabei auch die Hilfe Ihres Umfeldes (Trainer, Team usw.) ganz bewusst in Anspruch. Wie nehmen diese Sie von außen wahr, welche negativen Gedanken glauben diese bei Ihnen erkennen zu können?
- Versuchen Sie, von nun an in dieser Situation grundsätzlich den positiven Gedanken einzusetzen. Dabei ist es völlig normal, wenn Ihnen dies zu Beginn schwerfällt. Geben Sie trotzdem nicht auf, und rufen Sie sich Ihren neuen positiven Gedanken immer wieder ins Gedächtnis.
- Nach einiger Zeit können Sie dann einen weiteren, häufig auftretenden negativen Gedanken hinzunehmen und mit diesem ebenso verfahren wie mit dem ersten. Auf diese Weise lernen Sie, sukzessiv destruktive Gedanken zu eliminieren und durch konstruktive Gedanken zu ersetzen.

Auseinandersetzung mit der Situation: „genutzte Chancen, vergebene Möglichkeiten"

Generell gilt: Die wesentliche mentale Arbeit setzt an der grundsätzlichen psychischen Stärke des Spielers an, also an dessen Erleben von Herausforderung oder Bedrohung in der konkreten Leistungssituation. Vor diesem Hintergrund folgen nun einige Hilfestellungen für den Umgang mit der geschilderten Situation. Machen Sie sich die beschriebenen psychologischen Vorgänge bewusst – dies ist der Beginn für eine Veränderung!

→ Setzen Sie aufkommenden negativen Gedanken bewusst positive Gedanken entgegen!

Versuchen Sie nicht, sich gegen aufkommende negative Gedanken zu wehren oder diese zu verdrängen. Entscheidend ist, dass Sie sofort positive Gedanken dagegen setzen, etwa „Ich spiele ruhig Schlag für Schlag" oder „Ich werde positiv den Schlag ausführen".

→ Vermeiden Sie jegliche Hektik, lassen Sie sich in besonderer Weise Zeit zwischen den zwischen den einzelnen Schlägen, sammeln Sie vor jedem Schlag Ihre Konzentration und achten Sie auf eine sehr gute Körperspannung!

Auf diese Weise können Sie typischen Erscheinungsformen aufkommender körperlicher Verkrampfung effektiv entgegen wirken.

→ Machen Sie sich klar, dass sich Ihre Kontrahenten in der gleichen Situation befinden wie Sie selber!
Dies ist ein Umstand, den wir in unserer „kleinen Gedankenwelt" häufig völlig aus den Augen verlieren, der aber sehr wichtig ist – nicht nur für Sie ist es eine schwierige Situation, sondern eben auch für Ihre potenziellen Gegner. Gehen Sie davon aus, dass Sie mit dieser Situation mindestens genauso gut zurechtkommen wie diese.

→ Egal, wie effektiv Sie die sich angebotenen Möglichkeiten tatsächlich genutzt haben – trauern Sie keineswegs verlorenen Chancen hinterher, sondern gehen Sie positiv und kämpferisch an die Bewältigung der nächsten Aufgaben auf den Platz!

4.2.5 Das psychologische Duell mit der Konkurrenz

„Ich lerne von anderen Golfern."
(Harvey Penick, legendärer Golftrainer, zit. n. Rotella, 2006, S. 84)

Zunächst einmal ist Golf eine Sportart, bei der es für den Erfolg darauf ankommt, für sich selber die einzelnen Löcher möglichst gut zu spielen. Entscheidend ist also die Qualität der Schläge, sie bestimmt letztendlich den Score und damit die Platzierung des Spielers im Gesamttableau.

Nun wird Golf jedoch in den seltensten Fällen allein gespielt, sondern typischerweise in Flights mit Anderen. Man misst sich also gegenseitig und trägt dabei versteckte sowie zuweilen auch offene Wettkämpfe aus. Konkurrenz gibt es von daher keineswegs nur im Rahmen von (professionellen) Turnieren, wesentlich häufiger treffen sich Amateure zu einzelnen Runden auf dem Platz und treten damit unweigerlich in einen sportlichen Vergleich. Aus dem lockeren Spiel und der ursprünglichen Absicht, nur den eigenen Abschlag zu trainieren, wird dann schnell ein Ringen um den imaginären Pokal des besten Spielers. Derlei gruppendynamische Prozesse werden umso wahrscheinlicher, je besser sich die Athleten kennen und eine gemeinsame sportliche Vorgeschichte existiert, die allen Beteiligten bekannt ist; dabei kann der (vielleicht unglückliche) Ausgang der letzten Partie eine Rolle spielen, aber auch der Umstand, wie lange ein Spieler bereits golft, ob er seine spielerische Überlegenheit womöglich übertrieben zur Schau stellt usw. Aus dieser gemeinsamen Vorgeschichte der Spieler eines Flights resultiert im positiven Fall ein Motivationsschub („Dem zeige ich heute aber, dass er beim letzten Mal nur Glück hatte."), häufig wirkt sich jedoch die (unfreiwillige) interne Wettbewerbssituation hemmend auf die Form eines sich starkem Druck ausgesetzten Athleten aus. Einer solchen Situation lässt sich am besten dadurch begegnen, dass öfter mit weniger vertrauten Spielern trainiert und gespielt wird. In Folge dessen kann ein Golfer unbeschwerter aufspielen, zudem lassen sich eingebrannte Handlungsmuster in vertrauten Flights aufbrechen und neu justieren. Einen positiven Effekt bietet ferner die wertvolle Möglichkeit, die eigene Leistungsfähigkeit mit der von anderen Golfern zu vergleichen und auf diese Weise das eigene Spiel um neue Facetten zu bereichern.

Selbstverständlich nimmt auch im Turniergeschehen die Konkurrenz Einfluss auf den individuellen Leistungsverlauf. Gerade in mentaler Hinsicht spielt es eine wichtige Rolle, als wie stark oder schwach sich die Gegner erweisen, denn davon ist schließlich abhängig, welches Gesamtergebnis für den Einzelnen am Ende resultiert. Also: Für eine gute Platzierung reicht es eben nicht aus, gemessen an dem eigenen Leistungsniveau eine gute Runde zu spielen (individuelle Bezugsnorm), es ist vielmehr erforderlich, besser zu sein als die anderen Spieler (soziale Bezugsnorm). Gerade aber diese Konkurrenzsituation ist es, die erhebliche mentale Auswirkungen haben kann: Im positiven Fall kann die Wettbewerbssituation zu einer Leistungssteigerung beitragen, im negativen Fall kann sie eine Minderung des Leistungsvermögens bedingen.

Auf diese Weise lassen sich psychologisch interessante Verläufe auf einer Turnierrunde ausmachen. Es gibt Wettbewerbe, bei denen über den gesamten Verlauf hinweg einige Spieler das Geschehen eindeutig dominieren. Andere Wettbewerbe sind hingegen durch ein sehr ausgeglichenes Teilnehmerfeld gekennzeichnet. Besonders interessant sind darüber hinaus solche Turnierrunden, bei denen Spieler zunächst eindeutig dominieren, dann aber aufgrund eines schlecht gespielten Lochs auf einmal zunehmend in die Defensive geraten. Oder es gelingt im umgekehrten Fall einem Spieler, aus einer scheinbar aussichtslosen Situation immer besser in das Turniergeschehen zu kommen und plötzlich den Wettbewerb zu beherrschen. Einzelne, kritische Ereignisse, einige wenige gute oder schlechte Schläge können eine solche Wende einleiten.

Ein typisches Beispiel für den beschriebenen Vorgang: Nach einem bislang hervorragenden Spiel nach zehn Löchern führen leichte Konzentrationsfehler am elften Loch zu einem entsprechend negativen Score.

Dieser Umstand eröffnet nun dem potenziellen Konkurrenten im Flight, wieder ins Spiel zurückzukommen und die bisherigen Schwächen auf den nächsten Löchern mit einer sehr guten Leistung auszugleichen. Ab diesem Zeitpunkt „kippt" das Geschehen auf dem Platz, und es gelingt ihm, den weiteren Verlauf der Turnierrunde zunehmend zu dominieren. Diese Veränderung lässt sich auch an dem Platzverhalten beider Athleten festmachen: Der zunächst positiv, aktiv und kämpferisch auftretende Spieler wird zunehmend aggressiv und wirkt bisweilen sogar hilflos, während sich sein Kontrahent durch ein immer besseres Platzverhalten auszeichnet, er feuert sich an, zeigt sich motiviert und nimmt eine immer siegessicherere Haltung an. Die Turnierrunde entscheidet dieser Spieler am Ende für sich.

Eine andere Form der Wende im Turnierverlauf ist gegeben, wenn nach einem bislang relativ ausgeglichenen Spielverlauf „plötzlich" einer der beiden Athleten deutlich die Oberhand gewinnt und im weiteren Geschehen eindeutig überlegen ist.

⚲ Auch für diesen Vorgang sei ein typisches Beispiel genannt: Bis zu Loch 14 liegen beide Spieler gleichauf und haben sich keine größere Blößen gegeben, es handelt sich also bislang um einen sehr ausgeglichenen Rundenverlauf. An diesem Loch jedoch nutzt der eine Spieler eine sehr aussichtsreiche Situation durch schlechtes Putten nicht, während der andere Spieler das Loch solide spielt. Die vergebene Chance, sich einen (vorentscheidenden) Vorteil zu verschaffen, wirkt beim ersten Spieler an dem folgenden Loch 15 nach, das er daraufhin wiederum nicht souverän spielt. In der Folge „kippt" das Geschehen auf dem Platz, der zweite Spieler kann den weiteren Verlauf der Turnierrunde zunehmend dominieren.

Beispiele dieser Art sind uns allen aus der Praxis vielfach bekannt. Wie aber sind solche Phänomene sportpsychologisch zu erklären?

Deutlich wird in beiden prototypisch genannten Fällen, dass bereits ein einzelnes kritisches Ereignis im Turnierverlauf ausreichen kann, um den weiteren Fortgang entscheidend in die eine oder andere Richtung zu lenken. In Gesprächen mit professionellen Spielern im Zuge der Analyse solcher Ereignisse bei eigenen Wettkampfsituationen wird erkennbar, dass diese Ereignisse eine Art Eigendynamik entwickeln können, denen sich dann beide Seiten in der Situation auch durchaus bewusst sind. Dies bedeutet: Die beteiligten Athleten realisieren durchaus den hervorgehobenen Charakter dieser Situation für das nachfolgende Geschehen – sie merken dies, während sie in dieser Situation agieren und reagieren. Führen wir uns diese psychologische Ausgangslage noch einmal vor Augen, so wird deren Tragweite für die Beteiligten offensichtlich: Es dominiert weniger das *spielerische Duell*, sondern vielmehr das *psychologische Duell* auf dem Platz. Und eben genau aus diesem – und nur aus diesem – Grund können solche Situationen derartig gravierende Konsequenzen haben.

Dieses psychologische Duell zu gewinnen, bedeutet einen erheblichen motivationalen Vorteil für den weiteren Spielverlauf und ist mit einer deutlichen Signalwirkung für das eigene Selbstvertrauen auf dem Platz verbunden. Von daher verwundert es auch nicht, wenn Athleten immer wieder berichten, dass nach einem solchen „Sieg" im psychologischen Duell „plötzlich" der ganze Schlag- und Bewegungsrhythmus flüssiger geworden ist, man sich viel mehr zugetraut hat (mit entsprechendem Erfolg) und subjektiv sicher gewesen ist, das weitere Geschehen auf dem Platz in der Hand zu haben und zu behalten.

Genau diese subjektive Sicherheit mit dem entsprechenden Selbstvertrauen strahlt nun aber – umgekehrt betrachtet – auf die Konkurrenz aus, die dieses psychologische Duell verloren hat. Die positive Motivation für den weiteren Spielverlauf sinkt, das Vertrauen in die eigenen Möglichkeiten wird reduziert, der Athlet wird unsicher in seinen Aktionen, zudem können die mentalen Konsequenzen entsprechend negativ auf seinen gesamten Schlag- und Bewegungsrhythmus ausstrahlen. Es ist selbstredend möglich, dass sich ein solches psychologisches Duell nicht nur auf zwei, sondern auf mehrere Kontrahenten bezieht, die beschriebenen Mechanismen greifen dabei in ähnlicher Weise.

Wie wir es bereits für die anderen spezifischen Turniersituationen formuliert haben, gilt selbstverständlich auch bei diesem Phänomen: Lernerfahrungen aus der Vergangenheit, damit verbundene Drehbücher und Denkstrukturen sowie schließlich die vorgenommene Zuschreibung von Ursachen für das Zustandekommen des eigenen Erfolgs und Misserfolgs sind die entscheidenden Erklärungsfaktoren für die mentale Stärke oder Schwäche, die ein Athlet in dieser Situation aufzubringen in der Lage ist. Genau aus diesem Grund dürfen wir uns eben nicht zum passiven Opfer unserer eigenen negativen Denkstrukturen machen, sondern müssen vielmehr unsere Energie darauf verwenden, aktiv und positiv auf die Situation einzuwirken.

ÜBUNG: SICH IN DIE SITUATION HINEINVERSETZEN

Erinnern Sie sich an eine Turniersituation, in der Sie einen zunächst ausgeglichenen Spielverlauf mit der Konkurrenz am Ende für sich entscheiden konnten.

- Wie haben Sie sich in dieser Situation gefühlt?
- Welche positiven Gedanken haben Sie begleitet und Ihnen geholfen?
- Was ist Ihnen besonders gut gelungen?
- Versuchen Sie, sich so gut wie möglich in diese Situation hineinzuversetzen und schreiben Sie sie in Form eines Drehbuches auf; dies ist zwar etwas aufwändig, führt aber zu einer genaueren Rekonstruktion und erleichtert Ihnen die Abrufbarkeit für künftige Situationen im Training oder im Wettbewerb.

Exkurs: Auswirkungen positiver und negativer Lernerfahrungen

Es ist bereits an verschiedenen Stellen darauf hingewiesen worden, dass unsere Lernerfahrungen aus der Vergangenheit in zentraler Weise unser Verhalten prägen, dies gilt selbstverständlich auch für den Umgang mit mental herausfordernden Situationen beim Golf. Für ein besseres Verständnis dieser psychologischen Prozesse werden im Folgenden einige besonders bedeutsame Lernprinzipien zusammenfassend dargestellt.

Grundsätzlich lässt sich jedes Verhalten eines Menschen aus dem Wechselspiel zweier Bedingungskomponenten erklären:

- anlagebedingte Faktoren: Einflüsse, die sich aus der genetischen Veranlagung des Menschen ergeben und insofern *vererbt* sind
- umweltbedingte Faktoren: Einflüsse, die sich aus der Auseinandersetzung des Menschen mit seiner Umwelt ergeben und insofern *gelernt* sind

Bei jedem Persönlichkeitsmerkmal eines Menschen, ob nun Intelligenz, Aggressivität oder Angst, sind von daher immer beide Komponenten zu berücksichtigen, allerdings zum Teil in unterschiedlich starker Ausprägung. Beide Komponenten wirken hierbei in komplexer Weise zusammen, es handelt sich keineswegs um eine „schlichte Addition" von Anlage- und Umweltfaktoren. Bis zum heutigen Tag ist es eine gleichermaßen wichtige und schwierige Frage für die Forschung, die jeweiligen Anteile an dem beobachtbaren Verhalten zu bestimmen. Entscheidend ist allerdings: Kein Verhalten ist ausschließlich das Ergebnis eines der beiden Faktoren, sie spielen stets zusammen.

Grundsätzlich neigen wir jedoch dazu, den Anteil vererbter Faktoren gegenüber dem Anteil an gelernten Faktoren zu überschätzen – wahrscheinlich vielfach aus dem Grund, dass man ja für die Erbanlagen nicht verantwortlich ist und dementsprechend auch keine Notwendigkeit (und Möglichkeit) zur Veränderung sieht.

Exkurs: Auswirkungen positiver und negativer Lernerfahrungen

Das Gegenteil ist jedoch der Fall: Durch entsprechende Lernerfahrungen können wir in ganz erheblichem Maße auf die Persönlichkeitsmerkmale einwirken, welche den Menschen bestimmen – sowohl im positiven wie im negativen Sinn. Und wichtig ist: Jedes einmal gelernte Verhalten (ob nun positiv oder negativ) kann auch wieder verlernt werden!

Für den Bereich des Sports sind nun drei Lernarten von besonderer Bedeutung:

- das Lernen durch Konsequenzen
- das Lernen durch Einsicht
- das Lernen am Modell

Das Lernen durch Konsequenzen ist in seinem Grundmuster einfach zu beschreiben: Verhaltensweisen, die positive Konsequenzen nach sich ziehen, werden in Zukunft mit höherer Wahrscheinlichkeit als zuvor auftreten. Positive Konsequenzen können materieller (Geld, Spielzeug) oder auch immaterieller Art (Lob, Anerkennung) sein. Entscheidend ist, dass diese Konsequenzen von der agierenden Person als angenehm und erstrebenswert erlebt werden.

Einige Beispiele aus dem Alltag:

- Ein Kind schreibt eine gute Note in einer Klassenarbeit und wird dafür von seinen Eltern mit einem Kinobesuch belohnt. Das Ziel der Belohnung besteht darin, dass das Kind sich auch künftig bemüht, gute Schulleistungen zu erbringen. Die Wahrscheinlichkeit des Verhaltens, sich weiterhin anzustrengen, steigt auf diese Weise.
- Ein Mitarbeiter hat eine Projektarbeit zur Zufriedenheit seines Vorgesetzten beendet und bekommt dafür drei Tage Sonderurlaub. Das Ziel der Belohnung besteht darin, dass der Mitarbeiter sich künftig gleichermaßen bemüht, gute Arbeitsleistungen zu erbringen. Auch in diesem Beispiel steigt die Wahrscheinlichkeit weiterer Anstrengung beim Mitarbeiter für die Zukunft.

Bezogen auf die Leistungssituationen beim Golf:

- Ein Spieler hat sich im Training sehr bemüht und wird dafür von seinem Trainer ausdrücklich gelobt. Das Ziel der Belohnung besteht darin, dass dieser Spieler auch künftig im Training alles gibt. Die Wahrscheinlichkeit, dass er dies nunmehr tut, wird durch die Belohnung gefördert.

  Ein Spieler hat sich besonders intensiv auf ein Turnier vorbereitet und erzielt nunmehr auffallend gute Ergebnisse. In diesem Fall kommt die Belohnung nicht explizit von außen, sondern sie besteht vielmehr aus den Konsequenzen im Sinne des positiven Resultates, welches dieser Spieler auf seine intensive Vorbereitung zurückführt. Dass er sich künftig weiterhin intensiv auf anstehende Turniere vorbereitet, wird insofern wahrscheinlicher.

ÜBUNG: EIGENLOB STINKT NICHT!

- Gehen Sie jede Trainingseinheit nach ihrem Ende noch einmal in Gedanken durch und versuchen Sie, mindestens fünf Dinge zu finden, die Ihnen gut gelungen sind (besonders schwierige Schläge, taktisch kluges Verhalten, starke konzentrative Leistung usw.).
- Sie lenken damit ganz bewusst Ihre Aufmerksamkeit auf die positiven Elemente Ihres Spiels, hieraus können Sie Zufriedenheit, vor allem aber auch Motivation und Engagement für die künftigen Einheiten gewinnen.

Im logischen Gegensatz zu den positiven Konsequenzen werden Verhaltensweisen, die negative Konsequenzen nach sich ziehen, in Zukunft mit geringerer Wahrscheinlichkeit als zuvor auftreten. Negative Konsequenzen können wiederum materieller (Entzug von Geld, Spielzeug) oder immaterieller Art (Tadel, Nichtbeachtung) sein. Entscheidend ist, dass diese Konsequenzen von der handelnden Person als unangenehm erlebt werden.

Übertragung obiger Beispiele aus dem Alltagsleben auf negative Lernerfahrungen:

  Ein Kind erhält eine schlechte Note in einer Klassenarbeit und wird dafür von seinen Eltern mit einem Fernsehverbot bestraft. Das Ziel der Bestrafung besteht darin, dass das Kind sich künftig mehr anstrengt, um bessere Schulleistungen zu erzielen. Letztendlich soll also über den Weg der Bestrafung das Engagement des Kindes gefördert werden.

  Ein Mitarbeiter hat eine Projektarbeit zur absoluten Unzufriedenheit seines Vorgesetzten beendet, in der Folge genehmigt der Vorgesetzte nicht den von ihm geplanten Kurzurlaub. Das Ziel dieser Bestrafung besteht auch in diesem Fall darin, dass der Mitarbeiter sich künftig stärker bemüht, schlechte Ergebnisse zu vermeiden (und damit positive Resultate zu erzielen).

Übertragung auf oben angesprochene Leistungssituationen beim Golf:

- Ein Spieler hat sich im Training gehen lassen und wird für diese Verhalten von seinem Trainer ausdrücklich getadelt. Das Ziel der Bestrafung besteht darin, dass dieser Spieler künftig eine solche lasche Haltung im Training nicht mehr zeigt. Die Wahrscheinlichkeit des Auftretens fehlender Disziplin soll demnach für die Zukunft vermindert werden.

- Ein Spieler hat sich sehr unprofessionell auf ein Turnier vorbereitet und erzielt nunmehr unerwartet schlechte Ergebnisse. In diesem Fall kommt die Bestrafung nicht explizit von außen, sondern sie besteht in den negativen Resultaten, die seitens dieses Spielers auf seine unprofessionelle Vorbereitung zurückgeführt werden. Wenn diese Einsicht der Fall ist, wird sich der Athlet wahrscheinlich in Zukunft professioneller auf anstehende Turniere vorbereiten – nicht aber, wenn er andere Ursachen für die schlechten Ergebnisse ausmacht (schwerer Platz, schlechte Bedingungen, rabenschwarzer Tag usw.).

Entscheidend für die Lernerfahrungen beim *Lernen durch Konsequenzen* ist, dass die Person die Folgen ihres Handelns auch für sich als entsprechend angenehm bzw. unangenehm erlebt. Also: Der Tadel eines Freundes wird nur dann lernpsychologische Auswirkungen auf das eigene Verhalten nach sich ziehen, wenn der Freund (und damit eben auch dessen Tadel) für die Person von entsprechender Bedeutung ist. Nimmt bspw. ein Athlet seinen Trainer überhaupt nicht ernst, wird es für diesen nur sehr schwer möglich sein, über Lob und Tadel das Verhalten seines Schützlings beeinflussen zu können.

Aus pädagogisch-psychologischer Sicht ist die Belohnung erwünschten Verhaltens stets der Bestrafung unerwünschten Verhaltens vorzuziehen: Bestrafung führt nämlich vielfach nur zu einer *Unterdrückung* des unerwünschten Verhaltens, weil man auf diese Weise der erwarteten Strafe entgeht, sie führt aber häufig eben nicht zu einer tatsächlichen (und durch die Bestrafung ja eigentlich intendierten) *Verhaltensänderung*.

Ein typisches Beispiel aus der pubertären Entwicklung eines Jugendlichen zeigt sich bei dessen Bestrafung durch die Eltern, wenn dieser zu spät von einer Feier nach Hause kommt. Häufig wird der Jugendliche dann zwar aus Furcht vor der Strafe pünktlich zu Hause erscheinen. Befinden sich aber nun die Eltern einmal im Urlaub (und können insofern den Jugendlichen in seinem Verhalten nicht kontrollieren und ihn auch nicht bestrafen), wird dieser Jugendliche mit hoher Wahrscheinlichkeit wieder viel zu spät von den Feiern nach Hause kommen – die Furcht vor der Strafe bleibt aus, das Verhalten muss nicht unterdrückt werden, es hat insofern keine echte Verhaltensänderung stattgefunden.

Psychologisch noch problematischer ist die Ausgangslage, wenn über den Weg der Bestrafung ein Verhalten verändert werden soll, das nur bedingt unter der Kontrolle der eigenen Person steht. So kann man etwa einen Spieler im Sinne der Sensibilisierung und auch der Disziplinierung durchaus dafür bestrafen, wenn er sich beim Training ungebührlich verhält (bspw. ein Euro für die Trainingskasse). Es handelt sich hierbei um ein eindeutig unerwünschtes Verhalten, und der Athlet kann und muss lernen, dieses Verhalten unter Kontrolle zu bekommen. Bestraft man aber einen Spieler bspw. mit Missachtung und Tadel dafür, dass er eine aus Sicht des Trainers oder der Eltern schlechte Turnierrunde gespielt hat, stellt sich die Situation selbstverständlich ganz anders dar – positive oder negative Ergebnisse liegen keineswegs nur unter der Kontrolle des Spielers, eine nachfolgende Bestrafung kann sich insofern ins komplette Gegenteil verkehren: Furcht vor Bestrafung für zukünftige Situationen wird aufgebaut, die zu einer erheblichen Leistungsminderung führen können. Zudem wird, wie ja bereits ausgeführt, in diesem Fall ein falscher Bewertungsmaßstab zugrunde gelegt, denn nicht das gute oder schlechte Ergebnis im Sinne des erzielten Scores, sondern vielmehr das Bemühen um eine gute Leistung sollte als Kriterium herangezogen werden.

Insofern müssen disziplinarische Formen der Bestrafung stets gut überlegt sein. Am Beispiel der Sanktion in Folge des undisziplinierten Verhaltens sei ein weiterer wichtiger Punkt verdeutlicht: Eine solche Maßnahme, die im Übrigen ja häufig praktiziert wird, kann aus lernpsychologischer Sicht durchaus vernünftig sein. Wie aber bereits in den vorangegangenen Kapiteln dargestellt, können gerade solche Formen des Platzverhaltens tieferliegende psychologische Ursachen haben, die sich selbstverständlich nicht über die Bestrafung des Symptoms beseitigen lassen.

Also: Trainer, Eltern und Betreuer dürfen sich durch solche Verhaltensmaßnahmen keineswegs entlastet fühlen, sich mit den eigentlichen Ursachen eines auffälligen Verhaltens auf dem Golfplatz auseinanderzusetzen. Wie in der Medizin auch, ist eine ausschließliche *Symptombehandlung*, welche die *Ursachen der Symptomatik* ausblendet, langfristig sicherlich nicht erfolgversprechend.

Die Verdeutlichung der erheblichen Wirkungen des Lernens durch Konsequenzen ist deshalb so wichtig, weil gerade im Bereich des Leistungssports positive und negative Konsequenzen vielfach zur Verhaltensbeeinflussung eingesetzt werden. Der gezielte Einsatz von solchen Konsequenzen setzt aber eben voraus, dass wir uns deren Wirkungen und Nebenwirkungen auch bewusst sind. Erschwerend kommt hinzu, dass es ja eben nicht nur die gezielte Verhaltensbeeinflussung durch belohnende oder bestrafende Konsequenzen gibt, vielfach werden ja, um vor allem im negativen Bild zu bleiben, vom Spieler Handlungen aus dem Umfeld als bestrafend erlebt, obwohl sie gar nicht so beabsichtigt sind.

Hinterfragen wir uns diesbezüglich einmal als Berater, Trainer, Eltern selbstkritisch: Wie ist unser Verhalten nach einem guten und nach einem schlechten Turnierverlauf? Kann unsere Mimik und Gestik während einer Turnierrunde nicht manchmal auch ungewollt bestrafend auf den Spieler wirken? Gibt es nicht eine Reihe von unreflektierten Kommentaren gegenüber dem Spieler, die von ihm als Bestrafung aufgefasst werden könnten?

Nur über eine solche selbstkritische Analyse können wir lernen, das eigene Verhalten gegenüber einem Athleten besser zu kontrollieren, so dass unbeabsichtigte Effekte weitgehend vermieden werden können. Ein wichtiges, im Prinzip sehr einfaches und doch viel zu selten genutztes Instrument ist dabei die *direkte Kommunikation* zwischen dem Athleten einerseits, und Berater, Trainer und Eltern andererseits über diese Thematik – nur in einer auf gegenseitigem Vertrauen basierenden Zusammenarbeit wird es möglich sein, solche Effekte und mögliche Fehlentwicklungen direkt anzusprechen und zu korrigieren. Nicht umsonst stellt von daher der Faktor des *Vertrauens* ein grundlegendes Fundament für den Erfolg in der Zusammenarbeit mit einem Athleten dar.

Insgesamt dürfte aus den Ausführungen zu erkennen sein, dass in vielen Fällen das Streben nach Einsicht den erfolgversprechendsten Weg darstellt: *Lernen durch Einsicht* setzt in der Beratung den Dialog über erwünschte oder eben nicht erwünschte Verhaltensmuster voraus. Der Athlet soll erkennen, weshalb ein Verhalten zielführend oder eben nicht zielführend ist, diese Erkenntnis hat dann vielfach nachhaltigere Effekte im Sinne der Verhaltensänderung zur Folge. Eine auf diese Weise angeregte Neubewertung des eigenen Handelns kann durchaus auch vom Athleten selber ausgehen (etwa aufgrund einer entsprechend negativen Erfahrung), sie ist aber stets an die prinzipielle Bereitschaft gebunden, sich kritisch mit sich selber auseinanderzusetzen. Die Förderung einsichtigen Lernens kann dabei zudem mit den beiden anderen Lernformen (Lernen durch Konsequenzen und Lernen am Modell) kombiniert werden.

Beispiele aus dem Alltag:

- Ein Kind möchte Schokolade essen, die Eltern haben die Kiste mit den Süßigkeiten aber auf ein Regal gestellt, sodass das Kind diese nicht erreichen kann. Das Kind hat dann den Einfall, dass ein Stuhl ihm helfen könnte. Es nimmt sich also einen Stuhl, klettert hinauf und kommt so an die Kiste mit der Schokolade.
- Das Lösen eines Rätsels funktioniert häufig ebenfalls nur durch eine spontane Eingebung. Ein Beispiel ist das Rätsel des Bauern, der mit einem Wolf, einem Schaf und einem Kohlkopf einen Fluss überqueren muss, dabei in seinem Boot aber immer nur eines der drei Objekte mitnehmen kann. Dabei kann er weder das Schaf mit dem Kohl allein lassen, da es den Kohl fressen würde, noch das Schaf mit dem Wolf alleine lassen, da dieser das Schaf fressen würde.

Eine Beispiellösung könnte folgendermaßen aussehen:

1. Bauer rudert mit Schaf über den Fluss (Ufer A: Wolf, Kohl; Ufer B: leer)
2. Bauer rudert alleine zurück (Ufer A: Wolf, Kohl; Ufer B: Schaf)
3. Bauer rudert mit Kohlkopf über den Fluss (Ufer A: Wolf; Ufer B: Schaf)
4. Bauer rudert mit Schaf zurück (Ufer A: Wolf; Ufer B: Kohl)
5. Bauer setzt Schaf ab und rudert mit Wolf über den Fluss (Ufer A: Schaf; Ufer B: Kohl)
6. Bauer rudert alleine zurück (Ufer A: Schaf; Ufer B: Kohl, Wolf)
7. Bauer rudert mit Schaf über den Fluss (Ufer A: leer; Ufer B: Kohl, Wolf)

Die Einsicht besteht bei diesem Rätsel darin, auf den Gedanken zu kommen, dass es möglich ist, das Schaf auch mehrmals im Boot mitzunehmen, um auf diese Weise zu vermeiden, dass es entweder den Kohl frisst oder aber vom Wolf gefressen wird.

Bezogen auf die Situation beim Golf bedeutet dieses:

- ♪ Ein Golfspieler spielt einen ihm bislang völlig unbekannten Platz. Nach den ersten wenig erfolgreich gespielten Löchern hat er sich mit den besonderen Gegebenheiten vertraut gemacht und verändert daraufhin seine taktische Marschroute, was in der Folge zu einer deutlichen Leistungssteigerung an den nächsten Löchern führt.

Eine weitere wichtige Form des Verhaltenserwerbs und der Verhaltensänderung stellt das *Lernen am Modell* dar, das Bezug nimmt auf die dargestellten Grundprinzipien des Lernens durch Konsequenzen. Selbstverständlich (und glücklicherweise) muss der Mensch nicht jede Konsequenz selbst erleben, um dadurch zu lernen. Einen ganz erheblichen Verhaltensanteil verdanken wir dem Lernen am Modell.

Entscheidendes Lernprinzip beim Lernen am Modell: Wir lernen durch die Beobachtung des Verhaltens eines Modells, vor allem lernen wir durch die Beobachtung der Konsequenzen, die auf dieses Modellverhalten folgen. Analog zum Lernen durch Konsequenzen gilt dabei: Beobachtete Verhaltensweisen, die positive Konsequenzen für das Modell nach sich ziehen, werden in Zukunft mit höherer Wahrscheinlichkeit als zuvor bei der beobachtenden Person auftreten. Positive Konsequenzen können wiederum materieller (Geld, Spielzeug) oder immaterielle Art (Lob, Anerkennung) sein. Entscheidend ist, dass die Konsequenzen vom Beobachter als angenehm und erstrebenswert erlebt werden.

Beobachtete Verhaltensweisen, die negative Konsequenzen für das Modell nach sich ziehen, werden in Zukunft mit geringerer Wahrscheinlichkeit als zuvor bei der beobachtenden Person auftreten. Negative Konsequenzen sind materieller (Entzug von Geld, Spielzeug) oder immaterieller Art (Tadel, Nichtbeachtung), die vom Beobachter als unangenehm erlebt werden.

Beispiele aus dem Alltag:

- ♪ Ein Kind beobachtet, wie der Bruder auf die heiße Herdplatte fasst und sich dabei sehr weh tut. Die Beobachtung dieses Verhaltens und vor allem der damit verbundenen negativen Konsequenzen für den Bruder werden die Wahrscheinlichkeit vermindern, dass das Kind selber dieses Verhalten in Zukunft zeigen, also selber auf die heiße Herdplatte fassen wird.

- Ein Mitarbeiter beobachtet, aufgrund welcher Verhaltensweisen sich ein Kollege die Gunst seines Vorgesetzten „verdient". Durch die Beobachtung dieser Verhaltensweisen, verbunden mit den als angenehm antizipierten Konsequenzen, wird die Wahrscheinlichkeit erhöht, dass auch dieser Mitarbeiter sich künftig solcher Verhaltensstrategien bedienen wird.

- Kommt ein Athlet neu in einen Verein, ist er sich oftmals unsicher, welche Regeln und Gebräuche in dem Verein informell gelten, welche Verhaltensweisen also als positiv oder negativ eingeschätzt werden. Durch die gezielte Beobachtung der anderen Athleten im Umgang miteinander lernt er dies sehr schnell. In der Folge übernimmt der Athlet solche Verhaltensmuster, bei denen er mit positiven Konsequenzen rechnen kann, während er sich bemüht, Verhaltensmuster mit zu erwartenden negativen Konsequenzen zu vermeiden.

Konkretisiert auf die spezifische Situation beim Golf, stellen wir sehr schnell fest, dass auch in diesem Bereich die Spieler vielfach über die Beobachtung von Modellen und den resultierenden Verhaltenskonsequenzen lernen:

- Ein Spieler beobachtet, wie ein Mannschaftskamerad seine Ernährung komplett umstellt und in der Folgezeit positive Turnierergebnisse erzielt. Der Spieler übernimmt diese Verhaltensänderung für sich selber, da er einen Zusammenhang zwischen der Ernährungsumstellung und den besseren Leistungen beim Mannschaftskameraden vermutet – er erhofft sich also analoge positive Auswirkungen.

- Das über einen längeren Zeitraum andauernde undisziplinierte Verhalten eines Spielers im Training führt zu dessen Ausschluss aus der Mannschaft. Die Beobachtung dieses Verhaltens und dessen Konsequenzen haben bei den anderen Mannschaftsmitgliedern eine deutliche Disziplinsteigerung zur Folge, weil sie derartige negative Konsequenzen für sich vermeiden wollen.

Beispiele positiver Modelle (im Sinne von entsprechenden Vorbildern für den Athleten) können auch im Bereich des Leistungssports sehr zielführend eingesetzt werden. Es gibt viele erfolgreiche Athleten, die sich in hervorgehobener Weise durch positive Eigenschaften wie Ehrgeiz, Disziplin, Fairness usw. auszeichnen. Über diese Modelle können ebensolche Komponenten im Profil eines Spielers gefördert werden. Die Modelle müssen dabei nicht zwangsläufig Golfidole aus dem Top-Leistungsbereich sein, als Modelle können auch der eigene Trainer, der erfolgreich spielende Bruder oder eben ein Mannschaftskollege wirksam werden.

Gerade über das Lernen am Modell besteht von daher eine sehr gute Möglichkeit, in der Zusammenarbeit mit einem Spieler wichtige erwünschte Verhaltensmuster zu etablieren – und hierbei ist das eigene Vorleben dieser Verhaltensmuster seitens des betreuenden Umfeldes selbstverständlich der glaubwürdigste Weg, um als positives Modell Einfluss auf den Athleten nehmen zu können.

Dies bedeutet im Umkehrschluss, dass wir (analog zum Lernen durch Konsequenzen) stets auch etwaige unbeabsichtigte Lerneffekte berücksichtigen müssen: Inwieweit fördern Berater, Trainer, Eltern und Mannschaftskollegen als Modelle selber unerwünschte Verhaltensmuster beim Spieler? In diesem Sinne kann ein Trainer, der regelmäßig zu spät zum Training erscheint, nicht glaubwürdig hohe Disziplin von seinen Schützlingen erwarten. Auch ist stets zu beachten, welche Konsequenzen sich durch die Sanktionierung (oder auch Nichtsanktionierung) einzelner Verhaltensmuster eines Spielers für die anderen Athleten in einem Team ergeben. Betrachten wir etwa einen Spieler, der im Wettkampf auf dem Platz sehr undiszipliniert agiert, damit seine Mitspieler regelmäßig aus dem Konzept bringt und auf diese Weise von seinen Ergebnissen her durchaus erfolgreich ist. Sowohl für ihn selber, aber eben auch als Modell für weitere Athleten darf mit Rücksicht auf den kurzfristigen Erfolg ein solches Verhaltensmuster keineswegs akzeptiert werden.

ÜBUNG: VIDEOBEWEIS

- Nehmen Sie sich selbst ab und zu einmal auf Video auf, um Ihr Verhalten auf diese Weise leichter analysieren zu können.
- Achten Sie darauf, welche Konsequenzen Ihr Verhalten oder Ihre Schläge in bestimmten Situationen haben. Sind diese Konsequenzen eher positiv oder eher negativ?
- Mithilfe eines Videos können die meisten Menschen Ihr eigenes Verhalten objektiver bewerten als in der Situation selbst.
- Dies kann dabei helfen, aus den eigenen Fehlern noch besser zu lernen bzw. gute Strategien noch deutlicher zu identifizieren, um sie beizubehalten. Auf diese Weise können Sie sozusagen am eigenen Modell lernen und vermeiden es, denselben Fehler häufig zu wiederholen.

Schließlich besteht beim Lernen am Modell immer auch die Gefahr, dass durch die Auswahl „falscher" Modelle unerwünschte Verhaltenseffekte gefördert werden. So finden bspw. gerade jüngere Spieler nicht selten sehr undiszipliniertes Auftreten mancher Top-Spieler „cool" und meinen, diese Verhaltensweisen für sich übernehmen zu müssen (PGA-Pro John Daly war in diesem Sinne prädestiniert und hat sein Image als ‚bad boy' entsprechend gepflegt). Solchen Tendenzen sollte konsequent von Seiten des betreuenden Umfeldes entgegengetreten werden. Sinnvoll sind etwa die mit den Spielern gemeinsam erarbeiteten Verhaltensregeln, die dann für alle Seiten Verbindlichkeit haben; diese sollten auch klären, welche Folgen mit der Nichteinhaltung dieser Regeln verbunden sind.

Zusammenfassend lässt sich für die beschriebenen Formen des Lernens festhalten:

- Sie beeinflussen in erheblichem Maße das Verhalten des Spielers im Sinne einer Lerngeschichte als Golfer.
- Der Athlet selber und sein betreuendes Umfeld können durch eine kritische Auseinandersetzung mit dieser Lerngeschichte Ansatzpunkte zur Veränderung des Verhaltens im Sinne einer positiven Weiterentwicklung identifizieren und sich hierfür die Prinzipien dieser Lernformen zu Nutze machen.
- Hierbei ist als zentrales Kriterium stets im Auge zu behalten, welche Lernerfahrungen dem Athleten wirklich nutzen und welche ihm zwar scheinbar kurzfristig, faktisch aber langfristig eher schaden.
- Da Lernprozesse vielfach automatisiert ablaufen, ist das Umfeld eines Athleten immer wieder aufs Neue aufgefordert, sich die vielfach unbeabsichtigte Einflussnahme auf das Verhalten eines Spielers bewusst zu machen mit dem Ziel, etwaige negative Effekte möglichst zu vermeiden. Zielführend ist insofern die regelmäßige offene Kommunikation zwischen Athlet und Umfeld auf der Basis eines von Vertrauen geprägten Miteinanders.
- Jegliches Verhalten, das gelernt wurde, kann auch wieder verlernt werden – von daher sollten alle Seiten sich darüber im Klaren sein, dass ein Athlet keineswegs der „Sklave" seiner Lernvergangenheit ist. Vielmehr besteht die Chance, durch systematische Arbeit positive Verhaltensmuster über diese Lernformen weiterhin zu optimieren sowie negative Verhaltensmuster schrittweise zu reduzieren und durch den Aufbau positiven Alternativverhaltens zu korrigieren.

ÜBUNG: STETES WIEDERHOLEN

- Wie oben beschrieben wird jegliches Verhalten verlernt, wenn es eine Zeit lang nicht mehr aktiviert wird.
- Wiederholen Sie deswegen in regelmäßigen Abständen die in diesem Buch vermittelten Übungen und Techniken zur Steigerung Ihrer mentalen Stärke – auch dann, wenn Sie der Ansicht sind, einen Aspekt bereits deutlich verbessert zu haben. Es besteht stets die Möglichkeit, eigene Schwächen noch mehr abzubauen und eigene Stärken noch weiter zu verbessern.

Auseinandersetzung mit der Situation: „psychologisches Duell mit der Konkurrenz"

Generell gilt: Die wesentliche mentale Arbeit setzt an der grundsätzlichen psychischen Stärke des Spielers an, also an dessen Erleben von Herausforderung oder Bedrohung in der konkreten Leistungssituation. Vor diesem Hintergrund folgen nun einige Hilfestellungen für den Umgang mit der geschilderten Situation. Machen Sie sich die beschriebenen psychologischen Vorgänge bewusst – dies ist der Beginn für eine Veränderung!

→ Setzen Sie aufkommenden negativen Gedanken bewusst positive Gedanken entgegen!

Versuchen Sie nicht, sich gegen aufkommende negative Gedanken zu wehren oder diese zu verdrängen. Entscheidend ist, dass Sie sofort positive Gedanken dagegen setzen, etwa „Ich spiele ruhig Schlag für Schlag" oder „Ich werde positiv den Schlag ausführen".

→ Vermeiden Sie jegliche Hektik, lassen Sie sich in besonderer Weise Zeit zwischen den zwischen den einzelnen Schlägen, sammeln Sie vor jedem Schlag Ihre Konzentration und achten Sie auf eine sehr gute Körperspannung!

Auf diese Weise können Sie typischen Erscheinungsformen aufkommender körperlicher Verkrampfung effektiv entgegen wirken.

→ Machen Sie sich klar, dass sich Ihre Kontrahenten in der gleichen Situation befinden wie Sie selber!

Dies ist ein Umstand, den wir in unserer „kleinen Gedankenwelt" häufig völlig aus den Augen verlieren, der aber sehr wichtig ist – nicht nur für Sie ist es eine schwierige Situation, sondern eben auch für Ihre potenziellen Gegner. Gehen Sie davon aus, dass Sie mit dieser Situation mindestens genauso gut zurechtkommen wie diese.

Egal, wie erfolgreich Sie im Zuge des psychologischen Duells mit der Konkurrenz tatsächlich agiert haben – trauern Sie keineswegs verlorenen Chancen hinterher, sondern gehen Sie positiv und kämpferisch an die Bewältigung der nächsten Aufgaben auf den Platz!

5. Abergläubisches Verhalten

Ein uns allen bekanntes und mehr oder minder auch vertrautes Phänomen
ist das sogenannte abergläubische Verhalten, wobei der Begriff „Aberglaube" bereits auf den Kern des Phänomens verweist, nämlich auf den
Glauben an etwas Irreales: „[...]der Glaube an Kräfte, Zusammenhänge,
Übernatürliches, das den wissenschaftlichen Erkenntnissen wie auch den
religiösen Anschauungen nicht entspricht. [Er] äußert sich in Einstellungen
und Handlungen, meist verbunden mit der Vorstellung, damit ein Unheil
abwehren oder das Heil herbeiholen zu können" (Dorsch, 2014, S. 88).
Dieses Phänomen zeigt sich durchaus auch bei Menschen, die sich eher als
rationale Persönlichkeiten auszeichnen. Neben lerntheoretischen Erklärungen greift dabei wohl vor allem die grundsätzliche menschliche Suche nach
Wirkzusammenhängen und Sinnhaftigkeiten. So werden Killeen (1982)
zufolge Menschen empfänglich für „übersinnliche" bzw. abergläubische
Erklärungen, wenn sie in Bezug auf die tatsächlichen Ursachen für ein
wahrgenommenes Ereignis verunsichert (worden) sind; aufgrund der Ver-
unsicherung gewinnen plötzlich durchaus „unsinnige" Handlungen und
nur scheinbare Zusammenhänge an Bedeutung. Besonders anfällig sind
hierfür Situationen, in denen die Verhaltenserwartung hoch eingeschätzt
wird und die abergläubische Handlung zugleich mit geringem Aufwand
verbunden ist. Dies trifft besonders in Domänen zu, in denen Personen
das Resultat ihres Verhaltens nur zu einem gewissen Grad beeinflussen
können und insofern den empfundenen Kontrollverlust durch den Glauben
an eine übersinnliche Kraft (meist unbewusst) auszugleichen versuchen.
Damisch (2010) hat in einer Studie Golfern identische Bälle gereicht, wobei
jeweils ein Ball als „Glücksball" umschrieben wurde, weil er in der Vergangenheit angeblich besonders gute Resultate erzielt habe. Es zeigte sich
anschließend, dass die Probanden mit diesen „besonderen" Bällen in der Tat
weniger Schläge benötigten als mit den „normalen", aber identischen Bällen
(s. Kap. 4.2.4 zum Phänomen der „sich-selbst-erfüllenden Prophezeiungen"). Allein die Überzeugung, eine zwar nicht rational zu erklärende,
aber mit einer Handlung oder einem Gegenstand untrennbar verbundene
Kontrolle ausüben zu können, macht Menschen also erfolgreicher.

Eine Vielzahl weiterer Beispiele abergläubischen Verhaltens ist uns aus
dem Sport bekannt, besonders berühmt geworden ist in dieser Hinsicht sicherlich Michael Schumacher, der stets von der linken Seite in seinen Renn-
wagen gestiegen ist. Im Folgenden sind einige weitere Beispiele angeführt.

> *„Bekanntlich setzen viele Sportler auf Glücksbringer oder hängen irgendeiner
> anderen Form des Aberglaubens an. Golfprofi Tiger Woods etwa trägt am letzten
> Turniertag immer ein rotes Hemd, Basketball-Star Michael Jordan wollte niemals
> auf seine Shorts von der North Carolina University unter dem eigentlichen Trikot
> verzichten.“*
>
> (Schulte von Drach, 2010, o.S.)

> *„DFB-Torwart Manuel Neuer berührt vor jeder Halbzeit Pfosten und Latte des
> eigenen Gehäuses.“*
>
> (Honekamp, 2014, o.S.)

> *„Ich drehe an meinem Ring, ich klopfe mich ab.“*
>
> (Britta Steffen, zit. n. Großekathöfer & Hacke, 2009, o.S.)

Viele weitere Phänomene abergläubischen Verhaltens finden sich im Leistungssport: So rasieren sich manche Top-Professionals grundsätzlich erst nach
einer Niederlage im Turnier, andere gehen während der diversen Wettkampf-
tage jeden Tag in dasselbe Restaurant und bestellen stets das gleiche Gericht,
weitere Athleten zeichnen sich dadurch aus, dass sie nur in einer bestimmten
Reihenfolge ihr Equipment für den Platz ein- und auspacken, wieder andere
„parken“ ihr Cart stets in einer ganz spezifischen Weise auf dem Platz.

Das sagen die Pros

> *„Auch ich kann mich von Aberglauben nicht ganz freisprechen. Als ich letztes
> Jahr bei einem Pro-Am eines dieser sogenannten ‚Ionen-Armbänder‘ geschenkt
> bekommen habe, bin ich prompt Zweiter geworden. Ich dachte mir, es könne ja
> nicht schaden. Seitdem ist das Armband mein ständiger Begleiter. Ich spielte keine
> Runde mehr ohne das Ding. Auch wechsele ich meinen Spielball nicht, solange
> ich Ein-Putts mache. Ob es hilft? Rational betrachtet vielleicht nicht, aber mir
> tut es gut.“*
>
> (Golf-Pro Dennis Küpper , zit. n. Wittke-Laube, 2012, o.S.)

Aus sportpsychologischer Sicht interessant ist selbstverständlich: Wie lässt
sich ein solches Verhalten erklären? Und vor allem: Welche Funktion hat
dieses, für einen Außenstehenden manchmal schon recht eigenartig anmu-
tendes Verhalten für den Athleten selber?

Zunächst einmal weist das abergläubische Verhalten auf einen ganz wichtigen Aspekt menschlichen Handelns hin – nämlich auf die Tatsache, dass unser Verstand das Verhalten nur eingeschränkt kontrolliert. Denn natürlich würde wohl kaum ein Athlet ernsthaft die Meinung vertreten, dass das Nicht-Rasieren während eines Turniers die Wahrscheinlichkeit eines Sieges fördert, natürlich würde auch wohl kaum ein Athlet ernsthaft die Meinung vertreten, dass es für den Erfolg des nächsten Schlages tatsächlich einen Unterschied macht, an welcher Stelle genau das Cart auf dem Platz abgestellt worden ist – und dennoch wird in solchen Fällen gegen den Verstand entschieden, das Handeln wird geleitet von einer eher diffusen Überzeugung, damit einen positiven Effekt für die eigene Leistung erzielen zu können.

Erklärt werden können solche Phänomene psychologisch auf zwei Ebenen:

Zum einen spielen an dieser Stelle die persönlichen *Lernerfahrungen* eine erhebliche Rolle. Viele Athleten berichten im Zuge der sportpsychologischen Beratung von einem Schlüsselerlebnis, bei dem sie mit einer solchen „Strategie" erfolgreich gewesen sind; entsprechend dem Lernen durch positive Konsequenzen wird dieses Verhalten dann auch verstärkt in der Zukunft gezeigt. Zwei Ereignisse (bspw. Turniererfolg und Nicht-Rasieren während dieses Turniers) treten in einem zeitlichen Zusammenhang auf und werden als zusammengehörig erlebt, obwohl faktisch kein kausal-inhaltlicher, sondern eben nur ein zeitlicher Zusammenhang vorliegt.

    Ein vergleichbares Beispiel aus dem Alltag ist das folgende: Immer dann, wenn Hans seine Lieblingshose anzieht, schreibt er eine gute Klassenarbeit. Selbstverständlich besteht zwischen dem Anziehen einer bestimmten Hose und dem Erbringen einer guten Schulleistung kein kausal-inhaltlicher Zusammenhang (viele Schüler würden sich sehr freuen, wenn dem so wäre). Gab es aber in der Vergangenheit einmal einen zeitlichen Zusammenhang, so kann es passieren, dass beide Komponenten als zusammengehörig erlebt werden und dieses Erleben künftiges Verhalten lernpsychologisch beeinflusst.

Auf der anderen Seite dienen solche Handlungsmuster dem *Stressabbau* in der konkreten Leistungssituation. Denn so irrational sie auch von außen betrachtet erscheinen, diese Muster bieten dem Athleten eine bestimmte

Struktur, ein Schema für sein Verhalten, über das er nicht weiter nachdenken muss und das ihm insofern Sicherheit bietet. Genau dieses Gefühl von Sicherheit ist in stressigen Situationen besonders wichtig, denn es ermöglicht dem Athleten, die subjektive Kontrolle über die zu bewältigende Situation zu behalten. Wie bereits erläutert, handelt es sich bei dem Erleben von Kontrolle um ein grundlegendes Bedürfnis des Menschen. Dessen Befriedigung fördert die Wahrscheinlichkeit, eine stressreiche Situation erfolgreich bewältigen zu können. Insofern sind die soeben beschriebenen kleineren „Spleens" von Athleten zunächst einmal sicherlich nicht schädlich oder gar leistungshemmend, sie sind von daher auch nicht veränderungsbedürftig.

Problematisch wird der Aberglaube allerdings, wenn solche Verhaltensmuster sich auf weitere Handlungskontexte des Athleten ausdehnen und von daher zu einer Form zwanghaften Verhaltens werden. Ist dies der Fall, kehren sich die beschriebenen positiven Effekte des Stressabbaus (im Sinne ritualisierten Handelns) nämlich ins Gegenteil um, es wird zusätzlicher Stress auf Seiten des Athleten aufgebaut. Insofern ist es durchaus ratsam, sich derartige Eigenarten zu vergegenwärtigen und ihnen mit einer gewissen Form der distanzierten Lockerheit zu begegnen. Immer dann, wenn diese in Form von „Ticks" jedoch das Verhalten des Athleten massiv zu beherrschen drohen, ist es dringend angeraten, gezielt dagegen vorzugehen.

Konkret bedeutet dies: Wenn der Athlet selbstkritisch reflektiert, dass seine „Ticks" für ihn nicht mehr kleine (wenn auch vielleicht etwas verrückte) Hilfsmittel zum Stressabbau sind, sondern vielmehr für ihn zu einer zwanghaften Belastung werden, muss er (ggf. mit externer Unterstützung) durch Erfahrung lernen, dass der zeitliche Zusammenhang zwischen zwei Ereignissen eben noch lange keinen kausal-inhaltlichen Zusammenhang impliziert.

Der Athlet muss sich bspw. bewusst dazu zwingen, sich in gewohnter Weise auf dem Turnier zu rasieren, um über dieses Handeln zu der Erfahrung zu gelangen, dass die Rasur mit seiner Leistung auf dem Platz in keinerlei Verbindung steht. Psychologisch besteht nämlich noch einmal ein ganz erheblicher Unterschied zwischen dem, was gedanklich klar ist, und der Umsetzung dessen im konkreten Verhalten. Hierdurch wird zwar kurzfristig zusätzlicher Stress aufgebaut, langfristig kommt es jedoch zu einer signifikanten Stressverminderung, weil die Belastung entfällt, zwanghafte Rituale verfolgen zu müssen.

ÜBUNG: DIE EIGENEN RITUALE ERKENNEN

- Gibt es Verhaltensmuster, die Sie vor jedem Training oder Turnier praktizieren, die aber eigentlich gar nichts mit dem Golfspiel an sich zu tun haben?
- Wie sehen diese Rituale genau aus?
- Was würden Sie sagen: Tun diese Rituale Ihrer sportlichen Leistung gut? Oder gibt es Situationen, in denen eher der gegenteilige Effekt eintritt?
- Was passiert, wenn Sie die Rituale nicht genau einhalten können?
- Führen Sie für einen bestimmten Zeitraum (etwa einen Monat) einmal ein Tagebuch hierzu. Dieses hilft, sich gerade solcher Rituale bewusst zu werden, die oftmals unbemerkt und weitgehend unreflektiert ablaufen (keineswegs jedoch immer positiv sein müssen).

---

6. Effektives Training

Die Analyse von Stärken und Schwächen eines Athleten setzt in der Regel an der Umsetzung spielerischer, strategischer und mentaler Möglichkeiten in der Turniersituation an. Für die Auswertung der individuellen Leistung bei einer Runde werden von daher sehr gerne eine Reihe von statistischen Kennzahlen als Bewertungsrundlage herangeführt, so etwa Greens In Regulation, Par Scrambles, Fairwaytreffer (Accuracy), Birdie Conversions, Putting und Sand Saves.

Vor diesem Hintergrund sollen aus der kompetenten Analyse des Leistungsverhaltens die richtigen Konsequenzen für den weiteren Trainingsverlauf abgeleitet werden, um diesen in der Folge möglichst effektiv zu gestalten. Hierbei sind gerade aus sportpsychologischer Sicht einige zentrale Aspekte zu berücksichtigen, die leider oftmals in der Praxis des Golfspiels zu wenig Beachtung finden. Diese sollen im Folgenden angesprochen werden.

Die Turnieranalyse ist eine entscheidende Informationsquelle!

Im Bereich des professionellen Golfsports selbstverständlich, zumal wenn ein Athlet von einem Coach begleitet wird, ansonsten aber viel zu wenig genutzt, ist die intensive Analyse der bisherigen gespielten Turnierrunden. Sie deckt schonungslos typische Stärken und Schwächen eines Spielers auf – vor allem dann, wenn eine solche Analyse regelmäßig durchgeführt wird. Diese Informationsquelle sollte von daher von jedem ambitionierten Golfer genutzt werden. Dabei kann es auch für einen Freizeitsportler bereits sinnvoll sein, sogar ggf. nicht-professionelle Begleiter „einzuspannen" und diese zu bitten, als Caddie das eigene Turnierverhalten zu beobachten. Ein solcher Begleiter kann dann nach vorgegebenen, objektivierbaren Kriterien eine Turnieranalyse vornehmen. Denn logischerweise unterliegt die Wahrnehmung einer Turnierrunde durch den Athleten selber diversen Realitätsverzerrungen, weshalb es sinnvoll ist, diese zumindest in regelmäßigen zeitlichen Abständen durch eine Außensicht zu komplettieren. Für den Freizeitsportler bietet es sich außerdem an, die vielfältigen neuen technologischen Möglichkeiten (bspw. Apps zur Rundenanalyse) zu nutzen. Die

Beobachtung des Spielers über eine gesamte Runde sowie im Turnierverlauf ist für jeden Coach in jedem Fall eine unverzichtbare Informationsquelle.

ÜBUNG: MATCHANALYSE IN DER SELBST- UND FREMDEINSCHÄTZUNG

Die nachfolgenden Fragen sollten Trainer und Athlet zunächst unabhängig voneinander beantworten. Hieraus resultierende Übereinstimmungen und Diskrepanzen liefern dann die Grundlage für die weitere Auseinandersetzung mit den Stärken und Schwächen des Athleten. Die kontinuierliche Protokollierung gibt dem Athleten zudem eine wichtige Rückmeldung zu seiner Entwicklung. Als zusätzliche Hilfe können regelmäßige Videoaufnahmen vom Training oder vom Turnierverlauf sehr hilfreich sein.

- Athleteneinschätzung
  - „Welche Stärke zieht sich durchgängig durch mein Spiel?"
  - „Welche Schwäche zieht sich durchgängig durch mein Spiel?"
  - „In welchen Situationen war ich besonders zufrieden mit mir?" „Warum?" / „Wie bin ich damit umgegangen?"
  - „In welchen Situationen war ich besonders unzufrieden mit mir?" „Warum?" / „Wie bin ich damit umgegangen?"

- Trainereinschätzung
  - „Welche Stärke zieht sich durchgängig durch das Spiel meines Athleten?"
  - „Welche Schwäche zieht sich durchgängig durch das Spiel meines Athleten?"
  - „In welchen Situationen war ich besonders zufrieden mit meinem Athleten?" „Warum?" / „Welche Konsequenzen habe ich daraus gezogen?"
  - „In welchen Situationen war ich besonders unzufrieden mit meinem Athleten?" „Warum?" / „Welche Konsequenzen habe ich daraus gezogen?"

In regelmäßigen Abständen können Sie dann Ihre Einschätzungen abgleichen und besprechen. Hieraus ergeben sich ggf. auch neue Trainingsimpulse bzw. eine Optimierung der Trainingsziele.

Effektiv trainieren heißt: Stärken und Schwächen zu optimieren!

Ein häufiger Fehler, der sich als Resultat typischer und immer wiederkehrender Schwächen auf dem Platz ergibt, ist die einseitige Konzentration auf die bestehenden Defizite eines Athleten. Diese Sichtweise verkennt nämlich, dass der Erfolg auf einer Turnierrunde in erheblich höherem Maße durch die Stärken des eigenen Spiels entschieden wird, weniger durch die Reduktion der vorhandenen Schwächen.

Wenngleich die zweite Komponente ohne Frage sinnvoll und notwendig ist, müssen im Training jedoch in ebenso hohem Ausmaß die Stärken eines Athleten optimiert werden. Dies ist auch insofern wichtig, als dass der Athlet gerade über seine Stärken das erforderliche Selbstvertrauen gewinnt und erhält (und insofern dann eben motivierter sein wird, sich neben der Arbeit an den persönlichen Stärken sehr diszipliniert gleichermaßen der Verbesserung seiner Schwächen zu widmen).

Training ist nicht gleich Training – die Effektivität ist entscheidend!

Egal, ob Turniersimulation, einzelne spielerische Übungen, Konditions- oder Strategietraining auf der Tagesordnung stehen, es gilt immer wieder, einen möglichst hohen Effekt aus der Trainingssituation zu erzielen. Denn Training ist sicherlich nicht gleich Training, diese Einsicht kennt jeder Athlet aus eigener Erfahrung. Es kommt nicht in erster Linie darauf an, wie häufig und wie lange Golfspieler auf dem Platz stehen, sondern wie sie diese Zeit nutzen.

Effektiv trainieren bedeutet zunächst einmal, ein auf die jeweiligen konkreten Anforderungen des Athleten abgestimmtes zeitliches und inhaltliches Programm zu absolvieren: Welche Stärken und Schwächen hat der Athlet, befindet er sich momentan in einer längeren Trainings- oder aber in einer Wettkampfphase, welche weiteren Belastungen außerhalb des Sports gilt es aktuell zu berücksichtigen?

Diese Grundprämissen vorausgesetzt, impliziert effektives Training darüber hinaus, sich stets mit vollem Einsatz zu bemühen, einen möglichst hohen Effekt im Zuge der zu absolvierenden Übungen zu erzielen. Ein solcher Anspruch stellt eine permanente mentale Herausforderung für jeden Athleten dar. So kann er etwa eine Stunde Abschläge trainiert haben, ohne davon wirklich zu profitieren – bedingt durch eine unmotivierte Haltung auf dem Platz. Ähnliches gilt für den Bereich des konditionellen Ausdauertrainings, das erfahrungsgemäß den meisten Athleten keinen Spaß bereitet – eine solche Einheit kann als lästige Pflichtübung abgehandelt werden, sie kann aber auch mit einer positiven, freudigen Grundhaltung absolviert werden, ohne dass sich die Ausdauerübungen zum beliebtesten Trainingssegment entwickeln müssen. Ein weiteres wichtiges Beispiel ist die Arbeit an der

Qualität des Puttens; auch an dieser Stelle spielt die Einstellung zu der Übung eine wichtige Rolle für deren Effektivität.

Also: Vor jeder Trainingseinheit sollte sich ein Athlet immer wieder aufs Neue das Ziel vor Augen führen, aus dieser Einheit für sich den größtmöglichen Nutzen zu erzielen. Hilfreich in diesem Zusammenhang ist es, wenn uns stets bewusst ist, dass jede erfolgreich absolvierte Einheit ein kleiner Schritt zur Verbesserung des persönlichen Spielvermögens darstellt. Mit einer solchen Grundhaltung lässt sich eine Trainingseinheit positiver und mit Freude gestalten. Sobald wir also merken, dass sich die eigene Einstellung in eine negative Richtung verändert, sind wir gefordert, uns selber zu disziplinieren – hierbei sollten wir keinerlei Toleranz gegenüber uns selber dulden! Dies ist zwar bisweilen durchaus ein schwieriger Kampf mit uns selbst, er lohnt sich aber im Sinne des langfristigen Erfolgs auf jeden Fall.

Machen wir uns hierzu nur einmal den Effekt nach einer positiven Trainingseinheit klar: Wir sind ausgesprochen zufrieden und gleichzeitig motiviert für die nächsten Einheiten. Umgekehrtes wird geschehen, wenn eine Trainingseinheit in mentaler Hinsicht „aus dem Ruder läuft". Im Sinne des beschriebenen zielführenden Bewertungsmaßstabs sollten wir unsere Bewertung stets an dem eigenen Bemühen orientieren, nicht aber an den zählbaren Ergebnissen (misslungene Abschläge, Ergebnis auf einer Trainingsrunde, gelaufene Zeit im Ausdauertraining usw.) – ansonsten würden wir wiederum die Kontrolle für Zufriedenheit und Erfolg aus der Hand geben.

Das Motto sollte also nicht lauten: „Gute Ergebnisse machen Spaß, mäßige oder schlechte Ergebnisse machen keinen Spaß (bzw. dürfen keinen Spaß machen)." Sondern vielmehr müssen wir uns stets klar machen: „Das Bemühen um Verbesserung (und damit verbunden um gute Ergebnisse) macht Spaß". Dieser Gedanke fördert die Einsicht, dass in erster Linie die disziplinierte, stete Arbeit an sich selber die wesentliche Grundlage für die positive Weiterentwicklung der Spielerpersönlichkeit und damit auch letztendlich für den weiteren Erfolg darstellt.

ÜBUNG: SPIEG'LEIN, SPIEG'LEIN AN DER WAND

- Die kritische Auseinandersetzung mit sich selbst ist erfahrungsgemäß eine schwierige Angelegenheit. Aber: Nur wenn Sie aufrichtig sich selbst gegenüber sind, werden Sie den Bedarf an Veränderungen bei sich überhaupt erkennen können.
- Fragen Sie sich vor diesem Hintergrund nach jeder Trainingseinheit: Wie groß waren Ihre Bemühungen heute auf einer Skala von 1–10?
- Fehlende Motivation kommt vor und sollte Sie im Einzelfall nicht zu sehr beunruhigen. Wenn Sie allerdings feststellen, dass Sie sich immer häufiger keine Mühe mehr geben, sollten Sie auf die Suche nach möglichen Gründen hierfür gehen, denn dann besteht Handlungsbedarf.

Automatisierungsübungen als effektive Trainingsmethode!

Aus sportpsychologischer Sicht stellen Übungseinheiten, die eine Automatisierung von Schlägen und Bewegungsabläufen in den Mittelpunkt stellen, eine sehr wichtige Maßnahme zur Verbesserung der Leistungsfähigkeit dar.

Hierfür gibt es zwei wesentliche Gründe:

1. Der erste Grund ist ein recht simpler, es ist der Übungseffekt. Viele sehr erfolgreiche Golfspieler mit einer entsprechenden Trainingssozialisation machen es immer wieder vor: Es macht eben einen Unterschied, ob wir einen Bewegungsablauf 500 Mal oder 1000 Mal wiederholen. Es macht ja auch für unsere Sicherheit im Straßenverkehr einen Unterschied, ob wir sehr selten fahren („Sonntagsfahrer") oder permanent lange Strecken – und zwar objektiv wie auch für die subjektiv erlebte Sicherheit. Beide Faktoren sind selbstverständlich nicht unabhängig voneinander, und derjenige, der sich in einer Leistungssituation sicher fühlt, wird denn auch tatsächlich sicherer auf dem Platz agieren.

2. Wir wissen aus der psychologischen Forschung, dass unter Stress bevorzugt und automatisiert vom Organismus spezifische, routinisierte und „sichere" Abläufe und Verhaltensmuster abgerufen werden. Der Wettkampf stellt ohnehin für einen Athleten eine stressreiche Situation dar, spezifische Anforderungen auf dem Platz können sich, wie oben beschrieben, darüber hinaus durch ein besonders hohes Stresspotenzial auszeichnen. Zielführend ist insofern, dass ein Athlet über möglichst effektive Routinen verfügt, auf deren Anwendung er in derartigen Situationen zurückgreifen kann. Verdeutlichen lässt sich das Prinzip in Form einer Pyramide, bei welcher die Verfügbarkeit einzelner Schläge

und Bewegungsabläufe hierarchisch geordnet ist. Ein häufiges Problem besteht ja darin, dass Athleten unter solchen Umständen immer wieder ineffektive Strategien abrufen (bspw. einen zu riskanten Abschlag oder einen taktisch unklug gespielten Annäherungsschlag). Das gezielte Training der Automatisierung stellt demnach eine äußerst sinnvolle, wenn auch mental anspruchsvolle (weil hohe Disziplin erfordernde) Methode dar. Deswegen empfiehlt sich auch ein ausführliches Gespräch des Trainers mit dem Athleten, um ihn über den Sinn dieser Trainingsmethode ausreichend aufzuklären; solche Gespräche sollten grundsätzlich ein wichtiger Bestandteil in der Arbeit zwischen Trainer und Athlet sein.

ÜBUNG: AUTOMATISIERUNG VON SCHLÄGEN

- Legen Sie für 3–5 Schläge, die Sie automatisieren möchten, jeweils eine Farbe/Zahl/o.ä. fest. Es kann sich hierbei um grundsätzlich verschiedene Schlagarten handeln oder auch um verschiedene Anspielpunkte auf dem Platz.
- Ihr Trainingspartner/Trainer gibt Ihnen nunmehr die jeweiligen Positionen auf dem Platz an, von denen aus Sie Ihren Schlag bzw. mehrere Schläge ausführen sollen.
- Hierbei ruft er Ihnen jeweils eine der festgelegten Farben/Zahlen/o.ä. zu.
- Sie führen dann den entsprechenden Schlag aus.
- Die Spontanität der Anweisungen kann im Laufe der Zeit zunehmen, um den Druck zu erhöhen (bspw. haben Sie nur noch fünf Sekunden Zeit, bevor Sie den angesagten Schlag ausführen sollen).
- Auf diese Art und Weise haben Sie nur sehr wenig Zeit, den Schlag zu planen und müssen „automatisiert" handeln.

Zentrale Automatisierungsübungen: Abschlag und Putten!

Das sagen die Pros

> *„Jeder Tag, den man nicht auf der Driving Range mit Üben verbringt, bedeutet ein Tag mehr beim Streben ein großer Golfer zu werden."*
> (Ben Hogan, Golflegende, zit. n. Hansen, 2015, S. 3)

> *„Es gibt keinen anderen Schlag im Golf, der so viel Freude macht, wie ein perfekter Drive vom Tee."*
> (Harry Vardon, Golflegende, zit. n. Rotella, 2006, S. 128)

Besonders effektiv unter dem Gesichtspunkt der Automatisierung eignen sich der Abschlag und das Putten, weshalb jeder Athlet im Training diesen beiden Schlagvarianten ganz besondere Aufmerksamkeit schenken sollte.

Bei dem Abschlag handelt es sich um den einzigen Schlag beim Golf, der völlig unbeeinflusst von der Qualität der vorhergegangenen Schläge (und der damit nicht zu kontrollierenden Ausgangssituation) gespielt wird. Durch den Abschlag an einem Loch kann der Spieler insofern eine ganz entscheidende Vorteilssituation für die weiteren erforderlichen Schläge erlangen. Jeder erfahrene Trainer und Athlet weiß dabei um die vielfältigen Variationsmöglichkeiten des Abschlags. Dementsprechend sollte kontinuierlich und diszipliniert auf der Driving Range gearbeitet werden (kurze Warm-Up-Übungen reichen dafür keineswegs aus), aber eben auch an den jeweils verschiedenen Ausgangsbedingungen einzelner Löcher. Dabei sollte sich der Athlet (am besten unter der korrigierenden Kontrolle des Trainers) in eigenen Trainingseinheiten regelmäßig der Automatisierung seiner Abschläge widmen.

Entsprechendes gilt für das Putten, es handelt sich schließlich um die entscheidenden, weil finalen Schläge zur erfolgreichen Absolvierung eines Loches. Das sichere Putten (gerade auch in „engen" Wettbewerbssituationen, wie sie oben beschrieben wurden) stellt somit einen wesentlichen Aspekt für das erfolgreiche Spiel eines jeden Golfers dar, wobei sich starke Putter gerade dadurch auszeichnen, dass sie Routinen entwickelt haben und einem einzelnen Putt nicht zu viel Bedeutung beimessen: „Ein guter Putter hat sich von Gedanken wie ‚Diesen muss ich jetzt einlochen' oder ‚Den sollte ich eigentlich schaffen' frei gemacht. [...] Schließlich bemüht sich ein guter Putter, seinem Putt auch zu vertrauen. Er hat über die Jahre trainiert." (Rotella, 2006, S. 147ff.) Diesbezügliche Automatisierungsübungen sollten von daher in gebührender Intensität und Disziplin absolviert werden.

ÜBUNG: IT'S ALL IN YOUR MIND

- Neben dem praktischen Training können Sie die Abschläge und das Putten auch verinnerlichen, indem Sie sich die jeweiligen Schläge immer wieder vorstellen (visualisieren).
- Wenn Ihnen die Visualisierung schwer fällt, können Sie diese durch das Ansehen von Videos der Schläge unterstützen.
- Nehmen Sie hierzu beim Training häufiger Ihre Übungsschläge auf Video auf und wählen Sie im Anschluss die Aufnahmen besonders gut gelungener Schläge aus.
- Diese Aufnahmen können nun die Basis für Ihre Visualisierungsübungen bilden. Schauen Sie sich Ihre gelungenen Schläge an und versuchen Sie dabei, sich in die Bewegung hineinzuversetzen.
- Im nächsten Schritt können Sie auch einmal versuchen, sich die jeweiligen Schläge mit geschlossenen Augen vorzustellen und ggf. sogar die Bewegung dazu auszuführen.

Simulationsübungen als effektive Trainingsmethode!

Das sagt die Wissenschaft

„Im Training und im Leben machen die meisten Athleten und Menschen am liebsten das, womit sie sich wohlfühlen, das sie ohnehin schon beherrschen. Das aber bringt einen nicht wirklich voran."
(Fran Pirozzollo, Neuropsychologe, zit. n. Hennies & von Stengel, 2015, S. 28)

Wie die bisherigen Ausführungen ja bereits gezeigt haben, stellt jede Runde auf dem Golfplatz immer wieder diverse kritische Situationen bereit, an denen Athleten regelmäßig zu scheitern drohen. Um den Umgang mit solchen Situationen zu verbessern, bieten sich sogenannte Simulationsübungen an.

Die grundlegende Idee solcher Simulationsübungen zeigt nachfolgendes Beispiel: Nehmen wir an, einem Athleten gelingt es relativ gut, sich beim Absolvieren der einzelnen Löcher einen Vorteil zu erspielen, den er aber dann beim Putten regelmäßig wieder verschenkt, da er dem mentalen Druck nicht standhalten kann.

Genau diese Situation gilt es nun im Training auf dem Platz zu simulieren, d. h. die Übung fängt beim Putten an einem konkreten Loch an. Vorgabe für den Athleten ist nun, sich möglichst gut in die Situation hineinzuversetzen und in der Folge zu versuchen, diese dann positiv zu bewältigen.

Weitere Situationen können u. a. sein:

- herausgespielter Vorteil nach den ersten neun Löchern
- Möglichkeit zum Eagle oder Birdie an einem Loch
- drohende Wertung über Par an einem Loch
- Finish am letzten Loch

Das grundlegende Prinzip ist bei diesen Übungen immer dasselbe: Der Athlet soll sich in der Übung (also im Zuge einer im Vergleich zum Turnier „geschützten" Leistungsanforderung) mit der kritischen Situation auseinandersetzen und dabei lernen, effektivere Bewältigungsstrategien einzusetzen, als dies (bislang) in der Regel auf dem Platz geschieht. Der Trainer hat insofern auch die Möglichkeit, auf typische Schwachpunkte vor dem Hintergrund der mentalen Belastung hinzuweisen. Durch diese Form der (im Turnier in der Regel nicht möglichen) unmittelbaren Intervention können solche Schwachpunkte (etwa eine völlige Abkehr von der abgesprochenen Taktik, unkluge Spielentscheidungen) erkannt und gemeinsam mit dem

Athleten schrittweise bewältigt werden. Zudem lassen sich im Sinne der oben skizzierten Automatisierung Unsicherheiten aufgrund der mentalen Belastung in der Situation schrittweise eliminieren.

Vielfach begegnen Athleten Übungen dieser Art zunächst mit erheblicher Skepsis: Eine solche Trainingsform sei „zu weit weg" von der eigentlichen Turniersituation und könne daher keine bedeutsamen Effekte erzielen. Die sportpsychologische Praxis lehrt uns jedoch das Gegenteil, wobei selbstverständlich die Bereitschaft eines Athleten entscheidend ist, sich hierauf auch tatsächlich einzulassen.

✍ Nehmen wir ein Beispiel aus einem ganz anderen Bereich, nämlich die regelmäßig durchgeführten Trainingsmaßnahmen, mit denen Flugbegleiter geschult werden, in besonders kritischen Situationen (Schaden am Flugzeug, Notsituation an Bord, Flugzeugentführung usw.) effektiv zu handeln: Sowohl den Trainern als auch den Flugbegleitern ist bei solchen Übungen selbstverständlich klar, dass eine noch so gute Simulation niemals das tatsächliche Stresspotenzial etwa einer real erlebten Flugzeugentführung simulieren kann – aber dies ist auch gar nicht der Sinn der Übung. Entscheidend ist, dass die Flugbegleiter in einer solchen „geschützten" Übung (analog zum Athleten im Training) effektive Bewältigungsmuster erwerben sollen, die sie dann im Sinne der oben beschriebenen Verhaltenspyramide in der Stresssituation mit höherer Wahrscheinlichkeit automatisiert abrufen können als ineffektive Strategien.

Gleichermaßen erwirbt also der Athlet über diese Form der Simulation zielführende Handlungsmuster, die er künftig anstelle der bislang ineffektiven Strategien einsetzen kann.

Stetiges Verbessern der eigenen Möglichkeiten!

Jede Trainingseinheit sollte von der Grundprämisse geprägt sein, seine eigenen Möglichkeiten kontinuierlich zu verbessern – sei es in technischer, taktischer, konditioneller oder mentaler Hinsicht. Hierzu gehört selbstverständlich auch, dass (in Absprache mit dem Trainer) individuelle Schwachpunkte gezielt in Angriff genommen werden:

- Ein Spieler mit immer wiederkehrenden Konzentrationsdefiziten auf einer Runde soll die Zeiträume zwischen den Schlägen gezielt für den Wechsel von An- und Entspannung nutzen, um auf diese Weise über möglichst optimale Konzentration bei allen zu absolvierenden Schlägen zu verfügen.
- Ein bei den Abschlägen passiv agierender Athlet sollte versuchen, mutiger seine Abschläge an jedem Loch zu spielen, als dies in der Regel von ihm praktiziert wird.
- Ein beim Putten schwacher Athlet sollte sich vornehmen, besonders konzentriert und engagiert diese Schläge an jedem Loch zu spielen, um hierbei mehr Sicherheit zu erlangen.

Diese Liste ließe sich beliebig fortsetzen. Der aus sportpsychologischer Sicht wesentliche Aspekt ist nunmehr folgender: Das Einüben solcher eher (noch) unsicheren Schläge und Handlungsmuster hat logischerweise zur Folge, dass in der Turniersituation oftmals die Wahrscheinlichkeit des eigenen kurzfristigen Misserfolges subjektiv schwerer wiegt als der mittelfristige anvisierte Erfolg.

Also: Wie oben ausgeführt, ist gerade bei mental schwachen Athleten das Streben nach Vermeidung eines Misserfolges besonders stark ausgeprägt. Dieser Umstand hat zur Folge, dass es für solche Athleten oftmals wichtiger erscheint, die Runde im Training (gerade auch im Vergleich zu vermeintlich schwächeren Mitspielern) mit „altbewährten" Mitteln erfolgreich zu absolvieren, als sich an die Trainingsvorgabe zu halten und auf diese Weise einen wichtigen Fortschritt für sich zu erzielen. Wichtig: Hierbei handelt es sich oftmals gar nicht um eine bewusste Entscheidung des Athleten, vielmehr verfällt er bei drohendem Misserfolg automatisiert wieder „in den alten Trott".

Im Sinne einer kontinuierlichen positiven Weiterentwicklung müssen wir uns also darüber im Klaren sein, welcher Zweck mit dem Training verfolgt wird. Mittel- und langfristige Pläne sollten hierbei stets Vorrang haben vor den kurzfristigen Zielsetzungen, erforderliche Veränderungen können dabei zunächst auch mit einer temporären Minderung des Leistungsvermögens einhergehen (weil dem Athleten bspw. die erforderliche Sicherheit noch fehlt). Die Einsicht in diese Erkenntnis ist sehr wichtig und sollte immer wieder auch seitens des Trainers und des betreuenden Umfeldes unterstützt werden, denn Veränderungen sind grundsätzlich mit Unsicherheiten und

Zweifeln verbunden. Dass man eine gravierende Umstellung sicherlich nicht kurz vor einer sehr wichtigen Turnierphase einleiten sollte, versteht sich von selbst.

Vergleichen lässt sich eine solche Entwicklung durchaus mit der Renovierung eines bestehenden Hauses, bei der jeder Handwerker angesichts der verzweifelten Gesichter der Hausinhaber zu sagen pflegt: „Es muss zunächst schlecht und chaotisch aussehen, damit es am Ende gut werden kann." Mit diesem Bild der Hausrenovierung lässt sich durchaus ein sportlicher Entwicklungsprozess beschreiben und begreifen, denn entsprechende Veränderungen können ja nicht auf die Ebene des Trainings beschränkt bleiben, sie müssen in einem weiteren Schritt in die Turniersituation übertragen werden. Damit ein solcher Prozess gelingen kann, bedarf es der Einsicht des Athleten – manches Mal bedarf es allerdings noch stärker der Einsicht des Trainers bzw. des betreuenden Umfeldes, damit wichtige Chancen einer positiven Veränderung nicht mit Rücksicht auf kurzfristige Erfolge verpasst werden.

ÜBUNG: ALTERNATIVE BEWERTUNG

Versuchen Sie einmal, Trainingsrunden oder tatsächliche Wettkämpfe während einer Umbruchphase im Training auf eine neue Art zu bewerten:

- Stecken Sie Ihre Ziele für die zu spielende Runde neu!
- Achten Sie dabei vor allem darauf, die neu trainierten Variationen Ihres Spiels einzusetzen, und definieren Sie dies als Hauptziel der Runde.
- Die Bewertung Ihres Spiels richtet sich also nach der Frage: Wie häufig ist es mir gelungen, die neu trainierten Variationen in mein Spiel einzubauen?
- Eine „gute" Runde haben Sie dementsprechend dann gespielt, wenn Sie möglichst häufig Ihre neuen Kompetenzen einsetzen konnten, unabhängig davon, ob Sie am Ende einen „zählbaren" Erfolg auf dem Platz für sich verbuchen konnten.

Trainieren mit unterschiedlichen Spielertypen und Platzanforderungen!

Wie bereits dargestellt, spielt zwar zunächst jeder Golfer für sich, dennoch macht es einen Unterschied, mit wem er in einem Flight spielt und welcher Konkurrenz er sich in einer konkreten Turniersituation gegenüber sieht. Mitspieler bzw. Kontrahenten verfügen über unterschiedliche Leistungsstärken, sie haben diverse Marotten auf dem Platz und gehen die Anforderungen der einzelnen Löcher ganz unterschiedlich an. Logischerweise ist das eigene Verhalten auf dem Platz nicht unabhängig von diesen äußeren Rahmenbedingungen.

In wesentlich stärkerem Maße gilt dies selbstverständlich für die Anforderungen des jeweiligen Platzes, eine Binsenweisheit für einen jeden Golfspieler. Ungeachtet von der objektiven Gestaltung eines Platzes gibt es Plätze, die dem einen Athleten besonders liegen, während er sich mit den Bedingungen auf einem anderen Platz gar nicht anfreunden kann. Für einen anderen Athleten, der keineswegs spielstärker sein muss, stellt sich die Situation möglicherweise genau umgekehrt dar.

Im Sinne einer positiven Weiterentwicklung des eigenen Leistungsvermögens müssen wir aus diesem Umstand unsere persönlichen Lehren für das Training ziehen.

Häufig befinden wir uns doch in einer kleinen Trainingsgruppe, in welcher die Mitglieder über einen langen Zeitraum regelmäßig miteinander auf ein und demselben Platz trainieren. Unter sozialen (und auch ökonomischen) Gesichtspunkten ist dies durchaus verständlich, und logischerweise neigen wir dazu, solche Athleten (und auch Plätze) im Training zu präferieren, mit denen uns das Training Spaß macht. Dies führt aber dazu, dass sich nach einiger Zeit die Athleten gegenseitig in Bezug auf ihr Spielverhalten, aber auch auf die Bedingungen des Platzes in und auswendig kennen. Überraschungsmomente im Training bleiben somit aus, die Spielweisen und taktischen Varianten wiederholen sich, jeder weiß genau, wie die anderen auf spezifische Spielelemente reagieren usw. Auf diese Weise wird zwar Sicherheit erzeugt, diese ist aber trügerisch und hält nur solange vor, wie Athleten nicht mit anderen Spielertypen und Platzanforderungen konfrontiert sind. Dies ist in Wettbewerbssituationen aber zwangsläufig und regelmäßig der Fall. Dementsprechend ist es zwingend erforderlich, sich bereits im Training stets mit wechselnden Athleten (und damit mit verschiedenen Spielertypen) und möglichst auch auf wechselnden Plätzen (und damit mit verschiedenen Schwierigkeitsanforderungen) zu messen und dies immer wieder als neue Herausforderung zu begreifen, die eigenen Potenziale zielführend zu nutzen und zu verbessern. Verabreden wir uns also ruhig immer wieder mit Spielern und auf Plätzen, von denen wir wissen, dass sie unser eigenes Spiel vor (unangenehme) Herausforderungen stellen. Schrittweise werden wir dadurch immer besser in der Lage sein, in der Turniersituation auf verschiedene Stressfaktoren erfolgreich reagieren zu können.

ÜBUNG: TYPENWECHSEL

In einer Trainingsgruppe ist es häufig so, dass sich die Spieler untereinander, aber auch den Platz sehr gut kennen und daher die Anforderungen, die auf sie zukommen, entsprechend leicht einschätzen können. Um verschiedene Spieler- und Platztypen zu simulieren, können Sie in Ihrer Trainingsgruppe einmal Folgendes ausprobieren:

- Überlegen Sie gemeinsam, welche verschiedenen Spieler- und Platztypen Sie kennen bzw. welche Spieler- und Platztypen Sie immer wieder vor Probleme stellen.
- Bestimmen Sie für jeden der genannten Spieler- und Platztypen 3–5 für Sie problematische Aspekte (bspw. Verhaltensweisen eines Spielers, besonders schwierige Gegebenheiten eines Platzes).
- Fertigen Sie für jeden Spieler- und Platztyp eine Karte an, auf der alle zuvor gesammelten Problempunkte dieses Typen aufgeführt sind.
- Für einige Trainingsrunden können diese Karten nun eingesetzt werden, indem Ihr Trainingspartner und Sie abwechselnd für eine Runde eine der Karten ziehen.
- Während der folgenden Trainingsrunde soll dann derjenige von Ihnen, der die Karte gezogen hat, die Charakteristika des gezogenen Spielertyps so gut wie möglich imitieren.
- Analog hierzu kann für die diversen Platztypen abwechselnd in der Trainingsgruppe zwecks Planung der kommenden Trainingsrunde eine der Karten gezogen werden.
- Die nachfolgende Trainingsrunde wird dann auf dem gezogenen Platz absolviert werden mit der Auflage, sich insbesondere den zuvor identifizierten Problempunkten auf dem Platz offensiv und positiv zu stellen.
- Eine Art Tagebuch über die Ergebnisse subjektiv erlebten Erfolges und Misserfolges hilft Ihnen, Verbesserungen über die Zeit zu identifizieren.

7. Golfen im Team

Wie bereits mehrfach betont, handelt es sich beim Golf zweifelsohne um eine klassische Individualsportart, bei der jeder Spieler für sich bemüht (und dabei auf sich allein gestellt) ist, die Herausforderungen des jeweiligen Platzes mit der minimalen Anzahl bestmöglicher Schläge zu bewältigen. Eine Ausnahme von dieser Regel sind die Mannschaftswettbewerbe, wie wir sie von typischen Ligaspielen kennen. Einige sportpsychologisch bemerkenswerte Phänomene zum Golfspiel im Team seien nachfolgend erläutert.

Bei Mannschaftswettbewerben entscheidet die Addition der Einzelleistungen über den Gesamterfolg oder eben den Gesamtmisserfolg der Mitglieder eines Teams. Das Spiel als solches hat zwar immer noch seinen typischen Individualcharakter, jedoch spielt der Athlet nun nicht in erster Linie für sich, sondern eben für seine Mannschaft.

Interessant sind nun die *gruppendynamischen Effekte*, die sich aus ebensolchen Teamkonstellationen für das einzelne Leistungsverhalten ergeben können. Denn sportpsychologisch analysiert, resultiert die Gesamtleistung des Teams keineswegs aus der bloßen Addition der Einzelleistungen – vielmehr kann, und dies wissen alle aktiven Turnierspieler aus eigener Erfahrung, der Wettbewerb im Team die persönliche Leistung eines Spielers befördern, er kann diese aber auch hemmen.

In der Leichtathletik tritt dieses Phänomen immer wieder klar zu Tage: In einem Staffellauf erzielen nicht zwangsläufig die Teams mit den besten Einzelläufern auch die vordersten Platzierungen, nicht selten gelingen aufgrund positiver Gruppeneffekte gerade auch Staffeln mit eher schwächeren Athleten sehr gute Ergebnisse.

Im Falle eines günstigen Teamklimas wird jeder Golfer versuchen, sich hundertprozentig für seine Mannschaft einzusetzen und die bestmögliche Leistung zu erbringen. Voraussetzung ist also, dass nicht das sportliche Ziel des einzelnen Spielers, sondern das Interesse des gesamten Teams für alle beteiligten Akteure im Vordergrund des Wettbewerbs steht. Die Wahrnehmung, dass die Teamkollegen voll und ganz hinter der eigenen Person stehen und diese auch uneingeschränkt unterstützen, kann dabei den Einsatz und die Motivation erheblich befördern und auf diesem Wege den

Athleten zu einer höheren Leistung befähigen. Ein solcher kompromissloser Einsatz für das Team zeigt sich dann auch bereits im Zuge der Turniervorbereitung, hinsichtlich der Hilfestellung für die anderen, mit Blick auf die Kompromissbereitschaft bei Aufstellungen usw.

Mannschaften, die mehrheitlich eher von sportlichen Einzelinteressen geleitet werden (oftmals gerade dann, wenn sie eher willkürlich zusammengestellt worden sind), lassen solche Gruppeneffekte dieser beschriebenen Art nicht nur häufig vermissen, das Klima ist darüber hinaus verstärkt durch Konkurrenzdruck und Missgunst geprägt. Aus gruppenpsychologischer Perspektive sind insofern nicht selten eher hemmende Effekte auf das Leistungsvermögen der einzelnen Sportler zu erwarten. Gerade in Ligaspielen lässt sich ein solches Klima sehr gut an der Unterstützung aus dem eigenen Team im Zuge einer zu absolvierenden Turnierrunde ablesen – man gewinnt den Eindruck, dass die beteiligten Athleten sich nicht viel zu sagen haben, nicht wirklich an einem Strang ziehen, nicht den gemeinsamen (!) Erfolg wollen, sondern ausschließlich für sich selber agieren.

Das sagen die Pros

> *„Ich habe in diesen Tagen beim Ryder Cup wieder einmal erfahren, was ‚Teamspirit‘ bedeutet, und erinnere mich heute noch sehr, sehr gerne an diese Momente."*
> (Martin Kaymer, beim Ryder Cup 2012 mit dem entscheidenden Putt für die europäische Mannschaft gegen das Team USA, 2013, o.S.)

Zur Förderung eines positiven Teamklimas sind Symbole und Rituale sehr hilfreich und sollten daher in ihrer Bedeutung nicht unterschätzt werden. Hierzu zählen etwa das gemeinsame Outfit, der gemeinsame Trainingstag mit dem anschließenden geselligen Beisammensein, gemeinsame regelmäßige Aktivitäten außerhalb des Golfs im Laufe einer Saison. Auf diese Weise kann sich ein Klima herausbilden, in dem sich alle Spieler wohl fühlen und zudem ein echtes Gefühl der Verpflichtung für ihre Mannschaft erleben – die beste Voraussetzung, um erfolgreich zu sein. Dieses Klima schafft die Grundlage für eine Kommunikationsebene, in der wichtige Absprachen zwischen den Teammitgliedern getroffen werden und zudem etwaige auftretende Probleme direkt, offen und ehrlich angesprochen werden können. So gerüstet gelangen Mannschaften zu effektiven Problemlösungen, ein unnötiges Profilieren Einzelner auf Kosten Anderer wird verhindert, individuelle Überlegenheit muss nicht zur Schau gestellt werden. Die Spieler nehmen Rücksicht aufeinander und bauen sich gegenseitig auf, vor allem auch in Situationen, in denen ein Athlet eine Schwächephase durchlebt – für den Erfolg ist letztendlich weniger entscheidend, wie gut der Einzelne sich präsentiert, ausschlaggebend ist, wie effektiv das Team insgesamt agiert. Die Manifestierung dieses Gedankens bei allen Mannschaftsmitgliedern ist sportpsychologisch schließlich auch aufgrund des Phänomens der *Verantwortlichkeitsabgabe* relevant: Da ja beim Golfen stets die Individualleistung klar identifizierbar ist (anders etwa als bei der Leistung einzelner Spieler einer Fußballmannschaft bei Sieg oder Niederlage), tendieren wir gerne dazu, bei (drohenden) Niederlagen die Verantwortlichkeit hierfür auf die schwächeren Mitglieder des Teams „abzuwälzen" und ggf. sogar mit sichtbarem Motivationsverlust auf dem Platz zu agieren. Ein solches Verhalten mag zwar kurzfristig für den einzelnen Akteur selbstwertdienlich sein, es schadet aber auf Dauer gravierend dem Team, führt zu atmosphärischen Spannungen und für weitere Wettbewerbe zu einer erheblichen mentalen Belastung, gerade auch bei den Mitgliedern, die als „schuldig" für eine Niederlage ausgemacht werden. Zielführend ist insofern die Sensibilisierung der beteiligten Spieler dafür, dass in einem Mannschaftswettbewerb stets nur gemeinsam gewonnen und gemeinsam verloren wird.

Im Zuge der Verantwortlichkeitsaufteilung kann allerdings auch bei mental ansonsten eher schwachen Golfern das Ausmaß ihrer diesbezüglichen Defizite in einer Teamsituation mitunter geringer ausgeprägt sein als in der Individualsituation – dadurch, dass der Druck nicht ausschließlich auf der eigenen Person lastet, sondern quasi mit den anderen Spielern geteilt wird, ist die wahrgenommene Bedrohung durch die Leistungssituation geringer und der Einzelne weniger stark mental belastet.

Andererseits können leistungsmäßig besonders starke Spieler durch die Teamkonstellation ein Mehr an mentaler Belastung erfahren, da sie sich für die Gesamtleistung in hohem Maße verantwortlich fühlen. Davon unabhängig können sich last not least grundsätzlich aus einem sehr positiven Teamklima heraus mögliche mentale Probleme bei einem einzelnen Spieler durchaus verstärken. Fühlt dieser sich nämlich in besonderer Weise verpflichtet, kann hieraus ein zusätzlicher Druck resultieren, die wahrgenommene Bedrohung durch die Leistungssituation steigt entsprechend an – auch dieses Phänomen dürfte jedem Mannschaftsspieler bekannt sein, ebenso wie die Tatsache, dass hierdurch schon so mancher Ligaerfolg „verspielt" worden ist.

Selbstverständlich sollte aus dieser Überlegung nicht folgen, kein gutes Mannschaftsklima anzustreben (dies wäre schon alleine wegen der oben beschriebenen positiven Effekte nicht sinnvoll). Vielmehr sollten solche Golfer verstärkt außerhalb und auf dem Platz unterstützt werden. Entscheidend ist die glaubhafte Vermittlung, dass nur der Einsatz für das Team das entscheidende Bewertungskriterium darstellt, unabhängig davon, ob hieraus am Ende Sieg oder Niederlage resultieren. Dieses sollte man auch im Vorfeld in Gegenwart der Mannschaft offen ansprechen, auf diese Weise wird vielfach schon ein erheblicher Teil des erlebten Drucks genommen.

Aus diesen kurzen Erläuterungen dürfte klar geworden sein, dass das Golfen im Team in mentaler Hinsicht spezifische Herausforderungen birgt, weshalb ein stetiges diesbezügliches Training Sinn macht. Viele der in diesem Buch vorgestellten Übungen sind geeignet, spezifisch auf das Golfen im Team adaptiert zu werden. Die Übungen stellen insofern eine gute Grundlage dar, um den beschriebenen Herausforderungen besser gerecht werden zu können, wir müssen uns nur darauf einlassen.

8. Wertschätzung, Selbstwertschätzung und mentale Fitness

Eine Vielzahl von Faktoren bestimmt die mentale Fitness eines jeden Athleten, eine Vielzahl von Symptomen können sich in Leistungssituationen bei mentalen Problemen zeigen – beim Golf sind dies u. a. der plötzlich auftretende schwere Arm bei einem wichtigen Spielstand, unkluges taktisches Verhalten auf dem Platz oder eine deutliche Diskrepanz zwischen Trainings- und Wettkampfleistung.

Zentrale Gesichtspunkte, verbunden mit praktischen Hinweisen und Übungen, wurden bislang in den einzelnen Kapiteln beschrieben. Abschließend wenden wir uns nun einer Kernkomponente zu, die für eine langfristige Verbesserung und Stabilisierung mentaler Fitness grundlegend ist, nämlich der Bedeutung und dem Zusammenhang von *Wertschätzung und Selbstwertschätzung*. Die damit verbundenen psychologischen Gesichtspunkte können gleichermaßen für den aktiven Athleten selber, aber auch für solche Personen, die beruflich oder ehrenamtlich beratend und betreuend tätig sind (Eltern, Trainer oder Funktionäre), wichtige Anhaltspunkte zur Reflexion des eigenen Denkens und Verhaltens geben.

Jeder Mensch ist als soziales Wesen auf die Wertschätzung relevanter Personen aus seinem Umfeld angewiesen. Psychische Gesundheit benötigt also die Erfahrung, von Anderen wertgeschätzt zu werden.

Es lassen sich dabei zwei unterschiedliche Formen der Wertschätzung unterscheiden:

- *bedingte Wertschätzung*: Diese Form der Wertschätzung durch andere Personen ist an Bedingungen geknüpft.
  So erleben bspw. prominente Athleten, wie sie von der Öffentlichkeit geradezu „in den Himmel gehoben" werden, wenn sie erfolgreich sind. Sie werden jedoch genauso schnell wieder fallen gelassen, sobald sie sich einmal in einem Leistungstief befinden. Bedingte Wertschätzung ist auch typisch für das Berufsleben: Die Wertschätzung eines Vorgesetzten seinem Mitarbeiter gegenüber gilt oftmals nicht seinen persönlichen Eigenschaften, sondern sie gilt seiner hohen Leistungsfähigkeit und damit auch seiner Tauglichkeit für das Unternehmen.

- *unbedingte Wertschätzung*: Diese Form der Wertschätzung durch andere Personen gilt der Person vorbehaltlos. Sie ist an keine Bedingungen geknüpft, sie erfolgt *un*bedingt.
  Der Mensch wird also so angenommen, wie er ist. Es spielt dabei keine Rolle, welchen „Zweck" er für die wertschätzende Person erfüllt.

Der Begriff der „unbedingten Wertschätzung" stammt aus der Tradition der Humanistischen Psychologie. Sie geht davon aus, dass der Mensch von Natur aus ein *positives, gutes und nach vorne gerichtetes Wesen* ist – Schwierigkeiten, Störungen und Fehlentwicklungen liegen von daher nicht in der „Natur" des Menschen, sie ergeben sich vielmehr aus der Auseinandersetzung von Personen mit ihrem jeweiligen sozialen Umfeld unter den konkreten gesellschaftlichen Rahmenbedingungen. Entscheidend ist dabei nicht, wie die Wirklichkeit „objektiv" ist (wenn es so etwas wie eine objektive Wirklichkeit überhaupt gibt), sondern wie jeder Einzelne von uns die Wirklichkeit erlebt, in der er sich befindet. Dies bedeutet also, dass ein und dieselbe Situation von unterschiedlichen Individuen ganz verschieden wahrgenommen und eingeschätzt werden kann – weshalb damit auch ganz verschiedene Handlungsstrategien nach sich gezogen werden. Um es sprichwörtlich zu sagen: Für den einen ist das Glas halb voll, für den anderen hingegen halb leer. Wer sich für die Prämissen der Humanistischen Psychologie näher interessiert, sei auf die grundlegenden Arbeiten von Carl Rogers (1951; 2004), dem Pionier dieser Forschungsrichtung, verwiesen.

Unbedingte Wertschätzung bedeutet nun keineswegs, alle Einstellungen, Meinungen und Verhaltensweisen anderer Menschen uneingeschränkt zu akzeptieren – sehr wohl ist es möglich, auf der Basis unbedingter Wertschätzung auch Kritik an der anderen Person zu üben und sich ggf. in bestimmten Bereichen deutlich davon abzugrenzen. Dies geschieht aber immer vor der Prämisse, sein Gegenüber zunächst einmal vorbehaltlos anzunehmen.

Unbedingte Wertschätzung ist für die Entwicklung jeder Persönlichkeit von besonderer Bedeutung und sollte von daher ein Kernelement familiärer Erziehung darstellen. Aber auch in anderen pädagogischen Beziehungen, sei es nun im Kindergarten, in der Schule oder auch in der Hochschule, kann mit der Vermittlung unbedingter Wertschätzung eine vertrauensvolle, tragfähige Basis für ein erfolgreiches, befriedigendes Miteinander geschaffen werden. Dies gilt ebenso für den beruflichen Bereich, also etwa für die Beziehungen zwischen Vorgesetzten und Mitarbeitern. Dabei darf unbedingte Wertschätzung jedoch nicht als strategisches Mittel eingesetzt werden, um leistungsfördernde Effekte zu erzielen. Dies würde den Kern dieser Form der Wertschätzung, nämlich ihre Nicht-Funktionalität, ad absurdum führen. Unbedingte Wertschätzung ist das Ergebnis eines spezifischen Menschenbildes – nur derjenige, der sie überzeugt lebt, kann sie auch glaubhaft vermitteln. Unbedingte Wertschätzung durch relevante Bezugspersonen stellt die entscheidende Voraussetzung dafür dar, dass sich bei einer Person unbedingte Selbstwertschätzung entwickeln kann.

Im Sinne einer positiven Persönlichkeitsentwicklung ist es ein wesentliches Ziel, dass Menschen sich selber vorbehaltlos annehmen und akzeptieren, sich also ohne Bedingungen wertschätzen können. Auch hierfür gilt: Wir müssen keineswegs alle Eigenschaften und Verhaltensweisen der eigenen Person gut finden und meinen, nichts an uns selbst verändern zu müssen (dies wäre eine völlige Fehlinterpretation unbedingter Selbstwertschätzung, die nicht zu einer positiven Weiterentwicklung, sondern vielmehr zu selbstherrlicher Stagnation beiträgt), dieser kritische Umgang mit sich basiert aber auf einem grundsätzlichen Sich-Annehmen und Sich-Akzeptieren. Das Ausmaß unbedingter Selbstwertschätzung (und damit auch des eigenen Selbst-Vertrauens) ist aber keineswegs das Ergebnis angeborener Faktoren, es resultiert aus dem Ausmaß erfahrener unbedingter Wertschätzung (und damit auch des einer Person entgegengebrachten Vertrauens) aus der sozialen Umwelt.

Fehlende unbedingte Selbstwertschätzung wird durch bedingte Selbstwertschätzung kompensiert, die aus dem Erleben bedingter Wertschätzung durch die relevanten Bezugspersonen resultiert: Lernt eine Person im Laufe ihrer Entwicklung, dass ihr (nur) dann Wertschätzung entgegengebracht wird, wenn sie sich in einer spezifischen Art und Weise verhält, so ist es wahrscheinlich, dass als Bewertungsmaßstab für die erforderliche Wertschätzung der eigenen Person genau diese Kriterien angelegt werden. Also: Macht ein Mensch bspw. im Laufe seiner Entwicklung zunehmend die Erfahrung, dass er nur für gute Leistungen wertgeschätzt wird, nicht aber für ein positives Sozialverhalten, so wird er die Wertschätzung für sich selber zunehmend an seinen erbrachten Leistungen orientieren, während soziale Kompetenzen in dieser Hinsicht weitgehend irrelevant werden. Fehlentwicklungen in der Persönlichkeit eines Menschen basieren insofern ganz entscheidend auf dem Fehlen unbedingter Wertschätzung durch andere Personen und der damit fehlenden unbedingten Selbstwertschätzung.

Gerade Leistungs- und Hochleistungssportler beziehen ein hohes Maß an Wertschätzung aus ihren sportlichen Erfolgen: Diese Form bedingter Wertschätzung ist ein zusätzliches positives Element für die Persönlichkeitsentwicklung und die psychische Stabilität, wenn der Athlet darüber hinaus die kontinuierliche Erfahrung macht, von relevanten anderen Personen unbedingt (also auch beim Ausbleiben eines sportlichen Erfolgs) wertgeschätzt zu werden. Wichtig ist an dieser Stelle zunächst einmal der entsprechende Umgang der Familie und des näheren Umfelds mit dem Athleten.

Macht der Athlet hingegen die Erfahrung, von relevanten anderen Personen in erster Linie wegen seines sportlichen Erfolges wertgeschätzt zu werden, so können sich entsprechende Fehlentwicklungen in der Herausbildung der Persönlichkeit ergeben und zu einer Instabilität des psychischen Gleichgewichtes führen. Hierbei ist ja nicht bedeutsam, ob der Athlet „tatsächlich" in erster Linie wegen seines Erfolges wertgeschätzt wird und als Person nicht vorbehaltlos angenommen wird, es geht ausschließlich darum, ob dieses von ihm in seiner subjektiven Wirklichkeit so wahrgenommen und erlebt wird.

Im Zuge der sportpsychologischen Arbeit zeigen sich solche Erlebensdefizite immer wieder, wenn Spitzenathleten ihre Erfahrungen mit ihrem Umfeld schildern – angefangen von den Reaktionen auf Erfolge oder Misserfolge durch Eltern, Trainer und Geschwister bereits bei Wettkämpfen im Kindesalter bis hin zu ganz aktuellen Geschehnissen als erwachsener Athlet. In der Regel sind dabei nicht die Intentionen des Umfeldes das Problem, sondern deren Effekte auf den (jungen) Athleten.

Das sagen die Pros

> *„Mein Vater war mein Freund, mein Mentor, und wahrscheinlich mein größter Unterstützer."*
> (Jack Nicklaus, Golflegende, zit. n. Potter, 2006, o.S., Übersetz. d. Verf.)

> *„Earl Woods war ein großartiger Vater. Die Interessen seines Sohnes [Tiger] waren ihm immer am wichtigsten. Er tat alles dafür, dass sein Sohn von ihm die beste Hilfe bekam."*
> (Butch Harmon, zit. n. Potter, 2006, o.S., Übersetz. d. Verf.)

Defizite in der Erfahrung unbedingter Wertschätzung können zur Folge haben, dass die Leistungssituation nicht als Herausforderung, sondern vielmehr zunehmend als Bedrohung erlebt wird.

- Der über Handicaps, Turniersiege, Ranglistenpositionen, Turniereinladungen usw. erzielte Erfolg sichert dem Golfer in seiner Wahrnehmung die erforderliche Wertschätzung.

- Da diese Wertschätzung aber an die Bedingung des Erfolges geknüpft wird, ist letzterer das wesentliche Element zur Aufrechterhaltung einer (psychisch instabilen) Persönlichkeitsstruktur.

- Aufgrund der fehlenden unbedingten Wertschätzung von relevanten anderen Personen ist in der Konsequenz auch die unbedingte Selbstwertschätzung der eigenen Person schwach ausgeprägt. Der Spieler zeigt entsprechend geringes Selbstvertrauen auf und neben dem Platz.

- Der Spieler hat im Laufe seiner Entwicklungsgeschichte die bedingte Wertschätzung durch relevante andere Personen in sein Selbstbild integriert, er erlebt folglich bedingte Selbstwertschätzung, die direkt an seinen sportlichen Erfolg geknüpft ist.

- Da Wertschätzung und Selbstwertschätzung für jeden Menschen jedoch unerlässlich sind, wird die positive Bewältigung der Leistungssituation zu dem bestimmenden Faktor – hierdurch entwickelt sich die Leistungssituation zunehmend zu einer Bedrohung.

- Dadurch, dass die Leistungssituation nicht als Herausforderung, sondern eben als Bedrohung erlebt wird, entsteht für den Spieler ein erheblicher Druck, der sich entsprechend in mentalen Defiziten äußert.

- Solche Spieler suchen folgerichtig nicht den Erfolg in der Leistungssituation; sie sind also nicht erfolgsmotiviert, da die Leistungssituation ja keine positive Herausforderung darstellt. Vielmehr suchen sie die Vermeidung des Misserfolges, da die Leistungssituation eine Bedrohung bedeutet, der sie sich am liebsten entziehen möchten.

- Die wahrgenommene Bedrohlichkeit der Leistungssituation wird dadurch intensiviert, dass der Spieler keine Kontrolle über die Situation erlebt. Er macht vielmehr die Erfahrung, sich nicht gegen seine mentalen Defizite wehren zu können, sondern ihnen hilflos ausgeliefert zu sein – und in der Konsequenz die Leistungssituation nicht positiv bewältigen zu können. Von daher muss es das grundlegende Ziel sein, Kontrolle über die Veränderung des Bewertungsmaßstabes (Ersatz des objektiven durch einen subjektiven Bewertungsmaßstab) wieder zu erlangen, wobei diese Entwicklung durch die Vermittlung spezifischer Verhaltensstrategien zum Umgang mit den konkret auftretenden mentalen Defiziten unterstützt werden kann.

- Weil das entscheidende Motiv des Leistungshandelns die Vermeidung des Misserfolges und zudem die eigene unbedingte Selbstwertschätzung schwach ausgeprägt ist, verwenden diese Spieler Erklärungsmuster für Erfolg und Misserfolg, welche die individuelle Selbstwertschätzung zusätzlich hemmen: Während der Misserfolg stark der eigenen Person angelastet wird, wird erlebter Erfolg vergleichsweise weniger den eigenen Fähigkeiten, sondern vielmehr Faktoren zugeschrieben, die außerhalb der eigenen Person liegen (leichter Platz, schwache Konkurrenz, zufälliger guter Tag usw.).

Diese, zugegebenermaßen komplexen, psychischen Prozesse gilt es zu erkennen, sich mit diesen auseinanderzusetzen und zu verändern. Nur die Sensibilisierung für die eigene psychische Befindlichkeit und deren Ursachen kann der Ausgangspunkt für entsprechende langfristig anhaltende Veränderungen sein. Je nach Ausmaß der mentalen Defizite und der damit verbundenen persönlichen Belastung sollte dies ggf. mit fundierter sportpsychologischer Unterstützung geschehen.

Ungeachtet dessen können die beschriebenen Prozesse sicherlich Ansatzpunkte zum Nachdenken und zur Veränderung sein, um das eigene Agieren im sportlichen Kontext und weit darüber hinaus positiver, zufriedener und auch effektiver zu gestalten. Besonders nachhaltig kann sich dies im Umgang zwischen Trainern und Athleten auswirken, da durch die Realisierung unbedingter Wertschätzung ganz entscheidend das erlebte Vertrauen gefördert und intensiviert wird.

Vertrauen entsteht eben nicht zwangsläufig, es ist das Ergebnis permanenter Arbeit in der Beziehung zu anderen Menschen. Vertrauen benötigt Zeit und das echte Bemühen um den anderen. Es ist nicht verwunderlich, dass Vertrauen gerade auch in Leistungssituationen des Sports Motivation und Engagement fördert, auf diese Weise also auch einen wichtigen Baustein zur Förderung des individuellen Leistungspotenzials darstellt.

Das sagen die Pros

„Hinter dieser Beziehung stand und steht harte Arbeit sowie ein immenses gegenseitiges Vertrauen."

(Bernhard Langer über seinen langjährigen Trainer Willi Hofmann, zit. n. Hennies & von Stengel, 2015, S. 26)

Literaturverzeichnis

Beck, F. (o.J.). Verfügbar unter: http://www.golf-for-business.de.

Beckmann, J. (2012). Sportpsychologische Praxis. In: D. Beckmann-Waldenmayer & J. Beckmann (Hrsg.), *Handbuch sportpsychologischer Praxis: Mentales Training in den olympischen Sportarten*. Balingen: Spitta.

Beckmann, J., & Elbe, A.M. (2011). *Praxis der Sportpsychologie: Mentales Training im Wettkampf- und Leistungssport* (2. Aufl.). Balingen: Spitta.

Blom, H. (2000). *Der Dozent als Coach*. Neuwied: Luchterhand.

Brett, B. (1991). Ich bin kein Babysitter. *Der Spiegel, 2*, S. 132–140.

Coelho, P. (1988). *Der Alchimist*. Zürich: Diogenes Verlag AG.

Day, J. (2015, 21. September). Day verdrängt McIlroy von Platz eins der Weltrangliste. *Spiegel Online*. Verfügbar unter: http://www.spiegel.de.

Dorsch – Lexikon der Psychologie (2014, 17. Aufl., S. 88). Stichwort „Aberglaube". Bern: Huber.

Eberspächer, H. (1992). *Mentale Trainingsformen in der Praxis. Ein Handbuch für Trainer und Sportler* (3. Aufl.). Oberhaching: Sportinform.

Engert, S. (2015). Das goldene Kind. *Golf.de*. Verfügbar unter: http://www.golf.de.

Gal, S. (2011, 19. Mai). „Nummer eins? Kein eingebildetes Ziel". Verfügbar unter: http://www.spox.com.

Gabler, H., Nitsch, J.R. & Singer, R. (1993). *Einführung in die Sportpsychologie: Anwendungsfelder* (Bd. 2). Schorndorf: K. Hofmann.

Gilbert, C. (2007). Ich bin ein Grübler. *Der Spiegel, 44,* Verfügbar unter: http://www.spiegel.de.

Großekathöfer, M. & Hacke, D. (2009). Meins, meins, meins. *Der Spiegel, 37*, S. 134–137.

Hansen, H. (2015). *Golf Mental Handicap®. Modernes mentales Golftraining ab 10 Jahren inklusive Trainingspläne und Mental Point System* (2. Aufl.). Norderstedt: BoD.

Hennies, D. & von Stengel, S. (2015). Langer Atem! *Golf Magazin, 3*, S. 20–31.

Honekamp, S. (2014, 13. Juli). Aberglaube bei der WM: Schweini steigt als Letzter aus. *Die Tageszeitung*. Verfügbar unter: http://www.taz.de.

Hope, B. (o.J.). Verfügbar unter: http://www.golf-for-business.de.

Horeni, M. (2004, 14. Dezember). Weiß nicht, ob Franz das noch so beurteilen kann. *Frankfurter Allgemeine Zeitung*. Verfügbar unter: http://www.faz.net.

Huiber, J. (2014, 8. Juni). Philipp Kohlschreiber steht für Davis-Cup-Comeback bereit. *Tennisnet.com*. Verfügbar unter: http://tennisnet.com.

Johnson, D. (2015, 14. August). Dustin Johnson über Druck und Nerven: „Ich chille einfach!" *Golfpost*. Verfügbar unter: http://www.golfpost.de.

Jonas, K., Stroebe, W. & Hewstone, M. (Hrsg.). (2007). *Sozialpsychologie* (5. Aufl.). Heidelberg: Springer.

Jones, B. (o.J.). Verfügbar unter: http://www.golfschule-koeln.de.

Jones, G., Hanton, S. & Connaughton, D. (2002). What is this thing called mental toughness? An investigation of elite sport performers. *Journal of applied sport psychology, 14*, 205–218.

Jordan, M. (1994). *I Can't Accept Not Trying: Michael Jordan on the Pursuit of Excellence*. San Francisco, CA: Harper.

Kaymer, M. (2013, 13. März). Laureus Award für Martin Kaymer und das Ryder-Cup-Team. Verfügbar unter: http://www.dosb.de.

Klemm, T. (2014, 19. April). Maria Scharapowa im Gespräch: „Tennis ist ein großer Psychokrieg". *Frankfurter Allgemeine Zeitung*. Verfügbar unter: http://www.faz.net.

Lahtinen, J. (2015, 17. August). Catching up with Lexi Thompson. Verfügbar unter: http://thegolfnewsnet.com/john_lahtinen/2015/08/17/lexi-thompson-interview-dream-foursome-12575.

Lahm, P. (2014, 24. Juli). Philipp Lahm: Kapitän a. D.. *Die Zeit*. Verfügbar unter: http://www.zeit.de.

Langer, B. (o.J.). Verfügbar unter: http://www.golfschule-koeln.de.

Loehr, J.E. (1996). *Die neue mentale Stärke. Sportliche Bestleistung durch mentale, emotionale und physische Konditionierung*. München: BLV.

Potter, J. (2006). Tiger's father Earl Woods dies at 74. *USA TODAY*. Verfügbar unter: http://www.usatoday.com.

Rogers, C.R. (1951). *Client-centered therapy*. Boston: Houghton-Mifflin.

Rogers, C.R. (2004). *Entwicklung der Persönlichkeit.* Stuttgart: Klett-Cotta.

Rosenthal, R. & Jacobson, L. (1968). Pygmalion in the Classroom. *The Urban Review,* 16–20.

Rosentritt, M. (2015, 30. Januar). Hertha-Trainer Jos Luhukay im Interview: Ich nehme Niederlagen nie persönlich. *Der Tagesspiegel.* Verfügbar unter: http://www.tagesspiegel.de.

Rotella, B. (2006). *Die zehn Gebote für großartiges Golf. Mentale Strategien für den Sieg.* München: BLV.

Schneider, G. (2007, 28. März). Interview: Auch mentale Stärke muss man trainieren. *Frankfurter Allgemeine Zeitung.* Verfügbar unter: http://www.faz.net.

Schulte von Drach, M.C. (2010, 21. Juni). Wie Aberglaube hilft. *Süddeutsche Zeitung.* Verfügbar unter: http://www.sueddeutsche.de.

Schweer, M. (2011). *Kinder und Jugendliche im Leistungssport – eine Herausforderung für Eltern und Trainer: Ein pädagogisch-psychologischer Leitfaden* (Sport und gesellschaftliche Perspektiven 3). Frankfurt a. M.: Peter Lang. (unter der Mitarbeit von E. Petermann und M. Söker)

Sprenger, R. (2004). *Die Entscheidung liegt bei dir: Wege aus der alltäglichen Unzufriedenheit* (13. Aufl.). Frankfurt a.M. [u. a.]: Campus.

Stenson, H. (2015, 28. September). Spieth knackt Zehn-Millionen-Dollar-Jackpot. *Frankfurter Allgemeine Zeitung.* Verfügbar unter: http://www.faz.net.

Wittke-Laube, K. (2012). Das Geheimnis der Rituale – Aberglaube im Golf. *Golf Rhein-Ruhr.* Verfügbar unter: http://www.golfrheinruhr.de.

Woods, T. (o.J. a). Verfügbar unter: http://www.brainyquote.com.

Woods, T. (o.J. b). Verfügbar unter: http://www.zitate.eu.

Woolfolk, A. (2008). *Pädagogische Psychologie* (10. Aufl.). München: Pearson Studium.

Weiterführende Literatur

Alfermann, D. (2004). *Sportpsychologie. Ein Lehrbuch in 12 Lektionen.* Aachen: Meyer & Meyer.

Bakker, F.C., Whiting, H.T.A. & van der Brug, H. (1997). *Sportpsychologie: Grundlagen und Anwendungen.* Bern [u. a.]: Hans Huber.

Baumann, S. (2009). *Psychologie im Sport.* Aachen: Meyer & Meyer.

Beckmann, J. (2015). *Mentales Training im Golf: Mit Spaß zum Erfolg.* Balingen: Spitta.

Beckmann, J. & Elbe, A.M. (2011). *Praxis der Sportpsychologie: Mentales Training im Wettkampf- und Leistungssport* (2. Aufl.). Balingen: Spitta.

Beckmann-Waldenmayer, D. & Beckmann, J. (2012). *Handbuch sportpsychologischer Praxis: Mentales Training in den olympischen Sportarten.* Balingen: Spitta.

Brand, R. (2010). *Sportpsychologie.* Wiesbaden: VS.

Csikszentmihalyi, M. & Jackson, S.A. (2000). *Flow im Sport. Der Schlüssel zur optimalen Erfahrung und Leistung.* Zürich: BLV.

Eberspächer, H. (2007). *Mentales Training: Das Handbuch für Trainer und Sportler.* München: Copress.

Frester, R. (1999). *Mentale Fitness für junge Sportler. Leistungsvoraussetzungen und Entwicklungsförderung.* Göttingen: Vandenhoeck und Ruprecht.

Frester, R. & Wörz, T. (1997). *Mentale Wettkampfvorbereitung. Ein Handbuch für Trainer, Übungsleiter, Sportlehrer und Sportler.* Göttingen: Vandenhoeck und Ruprecht.

Gerwinat, A.M. (2011). *Psychologische Diagnostik mentaler Fitness im Sport: Stand der Forschung und Exploration eines komprehensiven Ansatzes zu differentiellen Aspekten der Sportlerpersönlichkeit.* Frankfurt a. M.: Peter Lang.

Heimsoeth, A. (2014). *Golf mental: Erfolg durch Selbstmanagement.* Stuttgart: Pietsch.

Hermann, H.-D. & Meyer, J. (2014). *Make them go! – Was wir vom Coaching der Spitzensportler lernen können.* Hamburg: Murmann.

Hermann, H.-D. & Meyer, J. (2011). *Mentales Training: Grundlagen und Anwendung in Sport, Rehabilitation, Arbeit und Wirtschaft.* Berlin/ Heidelberg: Springer.

Kleinert, J. (2003). *Mental aus der sportlichen Krise: Verletzungen, Formtiefs, Erfolgdruck und Teamkonflikte bewältigen.* München: BLV.

Kölbing. J. & Kölbing., A. (2014). *Golf genial: Anders denken, anders trainieren, erfolgreicher spielen.* München: BLV.

Kunath, P. (2001). *Sportpsychologie für alle.* Aachen: Meyer & Meyer.

Litti, B. (2012). *Neuer Schwung! Golf mental – das Praxisbuch.* Stuttgart: Kosmos.

Loehr, J.E. (2010). *Die neue mentale Stärke: Sportliche Bestleistung durch mentale, emotionale und physische Konditionierung.* München: BLV.

Meyer, T. (2011). *Sportpsychologie: Die 100 Prinzipien – Nachschlagewerk für Trainer, Betreuer und Athleten.* München: Copresse.

Parent. J. (2009). *Zen-Golf. Das mentale Spiel meistern.* München: Arkana.

Rolf, F. (2000). *Erfolgreiches Coaching. Psychologische Grundlagen für Trainer.* Göttingen: Vandenhoeck und Ruprecht.

Rotella, B. (2013). *Der unaufhaltsame Golfer – Erfolg im kurzen Spiel durch mentale Stärke.* München: Stiebner.

Schweer, M. & Thies, B. (1999). *Vertrauen – Die unterschätzte Kraft.* Zürich: Walter.

Schweer, M. (2005). *Mentale Fitness im Sport: Das Basisprogramm.* Regensburg: Roderer.

Schweer, M. (Hrsg.). (2006). *Vertrauen im Leistungssport* (Psychologie und Gesellschaft 4). Frankfurt a. M.: Peter Lang.

Schweer, M. (2007). *Mentale Fitness im Tennis: Das Aufbauprogramm* (Psychologie und Gesellschaft 6). Frankfurt a. M.: Peter Lang.

Schweer, M. (Hrsg.). (2008). *Sport in Deutschland. Bestandsaufnahmen und Perspektiven* (Sport und gesellschaftliche Perspektiven 1). Frankfurt a. M.: Peter Lang.

Schweer, M. (2012). *Psychologie im Leistungssport: Ein Ratgeber für die Praxis mit Beiträgen prominenter Athletinnen und Athleten* (Sport und gesellschaftliche Perspektiven 4). Frankfurt a. M.: Peter Lang. (unter der Mitarbeit von E. Petermann, M. Söker & J. Padberg)

Schweer, M. (2014). *Wer aufgibt, wird nie Sieger! 40 Lektionen zur Steigerung der mentalen Fitness.* Berlin: Frank & Timme.

Suinn, R.M. (1989). *Übungsbuch für Mentales Training. In sieben Schritten zur sportlichen Höchstleistung.* Göttingen: Hans Huber.

Thieß, G. (1997). *Der sportliche Wettkampf. Vorbereitung, Durchführung Auswertung.* Münster: Philippka-Verlag.

Trosse, H.D. (2000). *Der erfolgreiche Trainer: Führung-Motivation-Psychologie.* Aachen: Meyer & Meyer.

Weir, J. (2014). *Golfers Guide to Mental Fitness: How to Train Your Mind and Achieve Your Goals Using Self-Hypnosis and Visualization.* Mental Golf Academy Press.

Weiner, B. (1994). *Motivationspsychologie.* Weinheim: PVU.

Sport und gesellschaftliche Perspektiven

Herausgegeben von Martin K. W. Schweer

Die Reihe „Sport und gesellschaftliche Perspektiven" vereint empirische und theoretische Arbeiten mit Blick auf den Leistungs-, Nachwuchs-, Breiten-, Schul- und Gesundheitssport im gesellschaftlichen Kontext, wobei eine interdisziplinäre Perspektive angestrebt ist. Neben Beiträgen der Pädagogischen Psychologie und der Sportpsychologie sowie angrenzender Teilbereiche der Psychologie ist die Reihe auch offen für benachbarte Wissenschaftsdisziplinen. Anfragen an den Herausgeber sind ausdrücklich erwünscht.

www.peterlang.com

www.ingramcontent.com/pod-product-compliance
Lightning Source LLC
Chambersburg PA
CBHW071747270326
41928CB00013B/2827

* 9 7 8 3 6 3 1 7 2 8 1 1 6 *